オトナの私が慶應通信で学んでわかった、自分を尊ぶ生き方

慶應義塾大学通信教育課程奮闘記

鶴見優子 著

セルバ出版

はじめに　～闘う相手は〝自分自身のコンプレックス〟～

あなたは若い頃、「自分には無理だろう」と、諦めてしまったものはありませんか？

何度やってもダメだったから、それに対してコンプレックスを抱いてしまったことはありませんか？

大人になってから、「今からでは遅い」と手放してしまった夢はありませんか？

何か始めてみたいが、忙しいことを理由に、ついつい後延ばしになっている挑戦はありませんか？

一度は諦めたのに、日々に追われて挑戦することが難しいのに、それでも心の中で疼く「やってみたいこと」や「リベンジしたいこと」はありませんか？

私にはありました。10代の頃、未来に沢山希望を持って、それが叶った将来を思い浮かべてはニヤニヤしていました。

しかし20代になって、それはほとんど叶いませんでした。叶わないどころか、思い描いた未来と真逆に近いような人生が、そこにありました。

私が願った夢を叶えて行った友人達を、うらやましく眺めていました。この世には、夢が叶う人種と、叶わない人種の2種類が存在していて、きっと自分は後者だ、そんな気分でした。

叶わなかった夢の大きなものが、大学受験の第一志望校の合格です。

受験は高校時代にも経験しましたが、そのときは努力の末に第一志望に合格しました。その成功体験により、心のどこかで「努力をすれば絶対夢は叶う」と信じていたのです。死に物狂いで努力をし、そして夢を叶える。10代の私の夢への期待は風船というよりバルーン、更に気球ぐらいに大きく膨らんで、結局それは大空に華々しく飛び立つ前に萎んでしまいました。

それから私は、自分の本音を表現することをやめてしまいました。「どうしてもこれが好き！」「どうしてもこれがやりたい！」とアピールしても、無理なものは無理だ。あの人はできるけれど私には無理だ。そういってもう一人の自分がいつも止めに入りました。これ以上、傷つかないように。

大学時代に入ったサークルでの私の印象は、「絵が好きで無邪気にニコニコ笑っている人」だったそうです。職場での印象は「絵が上手くて、ニコニコ笑っていて、何でも仕事を引き受けてくれる社員」だったようです。

実は私は集団の中で、ニコニコ笑うことしかできなかったのです。

本当はもっと自分の本音を出して、嫌なものは嫌だ、私はこれが好きであれがやりたい！　と表現してみたい自分がいました。

冷静に考えてみれば10代の頃の学校の受験の失敗なんて、多くの人が経験しています。さっさと気持ちを切り替えて、新しい道を歩き出している人もいます。その失敗をバネに、次のステージで羽ばたいた人もいるでしょう。しかし私はその失敗経験で、「自尊心」というものをすっかり失くしてしまっていたのでした。

消えてくれない「大学コンプレックス」は、人生における目の上のタンコブでもありました。このコンプレックスを〝別の方法〟で消そうと、社会人になった私はあれこれ試してみました。フランス語を学び、フランスに留学もしました。日本の大学で開かれている市民講座、資格試験、語学検定、なんでも飛びつくようになりました。

「資格をとって、自分に自信をつけたい！」

しかし、自信と自尊心は、似ているようでどこか違ったのです。

30歳を目前にしても私の自尊心は一向に充たされませんでした。そんな私の心のもがきを見て、ついに母が言いました。

「あなたの大学コンプレックスは、日本の大学に入り直すことでしか消えない。もう一度大学に行きなさい。慶應大学を受けなさい」

母に言われたキツい一言でした。そして紆余曲折の結果、私の慶應義塾大学通信教育課程での学びの挑戦が始まりました。

自尊心は、どうやったら自分の中に生まれるのでしょうか。自分にこびりついたコンプレックスは、どうやったら消えるのでしょうか。

本書は、夢を抱いては失敗し続け、学歴コンプレックスを抱えてしまった主人公が、大人になり11年半かけて、慶應義塾大学通信教育課程を卒業し、コンプレックスを払拭し自尊心を取り戻して行くまでの奮闘記です。もちろん主人公は、著者である私です。

それでは、物語、スタートです！

２０１９年2月

鶴見　優子

オトナの私が慶應通信で学んでわかった、自分を尊ぶ生き方
――慶應義塾大学通信教育課程奮闘記　目次

第3章 慶應通信という「知の大海原」で

第4章 慶應通信、なんとしても卒業してみせる!

第 1 章

学歴コンプレックス地獄から抜け出せない

1　本当は頭がよかったんだね

●高いものに囲まれた高校時代

いつの世も、人が〝何か〟を始めるには、人の数だけ「理由」があるものだ。しかし、それを明確に説明できる人もいれば、心うちを敢えて話さない人もいる。あるいは、本当は理由があるのだが、複雑に絡みすぎて自分でも何を言えばその説明になるのかわからない人もいるだろう。

正社員で働く私が、慶應義塾大学通信教育課程に挑んだのにも「理由」がある。

「近いなぁ。というか近過ぎる！　東京タワーが」

話は高校時代までさかのぼる。私の通っている某都立高校は東京都港区のビジネス街のど真ん中、東京タワーのお膝元に、6階建ての鉄筋コンクリートで建っていた。お膝元過ぎて、景色が四角に切り抜かれた教室の窓から見えるその東京タワーは、テレビで映るおなじみのAラインの美しいフォルムではなく、胴体部分しか見えなかった。

「東京タワーが見えて絶景だわ～」というよりは、幾何学的に組み合わさった朱色に塗られた鉄柱達の一部が視界に入って来るといった感じだ。

ちなみに、校舎の反対側の教室の窓から見える景色は、明治時代の西洋風の建物や、古めかしい

建築様式の省庁や大使館が軒を連ねている。その少しばかり遠くに、こんもりとした緑の木々が見える。そこが、慶應義塾大学三田キャンパスだ。

学校帰りに明治時代の瀟洒なお屋敷の門の前に立ち、「ここ、ワタクシの家ですの。オホホホ。それでは皆さま御機嫌よう」と「お屋敷の令嬢ごっこ」をして遊び、そんな日は慶應大学の北門からキャンパスの中庭を抜け、正門を出て左に折れ、JR田町駅に向かうというのが私の通学路の1つだった。

東京タワーも慶應大学も明治時代のお屋敷も「近すぎるのに高すぎ（全長・偏差値・地価）」て、私にはそんな関わり方しかできなかった。しかし教室の窓から東京タワーが胴体しか見えないこの高校が、私は大好きだった。

●勉強以外は何でもやった

高校時代に入っていた部活は剣道部、漫画研究会、そしてコーラス部。更に生徒会役員に修学旅行委員、高3の時には卒業アルバム委員もやって、アルバムの装丁やページのレイアウトを、わくわくしながら考えていた。

あるときは海外留学生を自宅に招いて異文化交流をしたり、あるときは田町駅の駅前に立ち、募金活動もやった。お陰で担任の橋本先生からは、「君はいったいいくつ活動をしているのか？」と言われたぐらいだ。1年生・2年生と、何でもやった。…〝勉強以外〟は。

●はじめて書いた大学の志望校

高校3年生のその日も、私は教室の窓から明治時代のお屋敷を眺めつつ、橋本先生の午後のホームルームを受けていた。

机の上にはわら半紙。希望する大学名を第三志望まで記入するようになっている。行きたい大学名を書く、とは、「実力相応の大学名」ではなく、今は夢でもいいから「通いたい大学名」を書かなければいけない。どうせここに書いたって、読むのは橋本先生だけだ。旅の恥はなんとやらだ（旅してないが）。ひと思いに書いてやれ！

第一志望校：早稲田大学第一文学部

か・い・ちゃ・った……（汗）。

早稲田大学とは、1882年に大隈重信によって創設された日本の大学（同名称の改称は1902年）である。先週この早稲田大学のキャンパスへ、学校見学に訪れたばかりだった。聳え立つ大隈記念講堂、そして正門の左右は、ペンキで書かれたサークルの立て看板で溢れていた。キャンパスの真ん中には、学生達を温かく見守るように、威厳を持って創設者の大隈重信公の像が立っていた。

早稲田大学に進学した先輩の話を聞くと、約50人のクラスの中に女子はたったの数名。しかし怖気ずに男子の中に入り込み、対等に議論を交わすという。

「バンカラな雰囲気！　気に入った！　早稲田に入ったらオール早稲田（全員早稲田大学の学生という意味）の演劇サークルかアナウンス研究会に入って、どっぷりサークルやバイト三昧、そしてマスコミに就職して、ポロシャツの襟を立てて、セーターを肩にかけて仕事をするのよ♪」

…という、形から入った感満載のミーハーな妄想を、大隈重信公像の目の前でしていたことは、志望校記入用紙には書かなかった。

●志望校がクラスメイトにバレる

志望校記入用紙を裏返して後ろから前に送り、一番先頭の人が橋本先生に渡し、ホームルームはお開きとなった。

それぞれが部活や、あるいは帰宅しようと、ガタガタと椅子から立ち上がり始めた。大学受験という、遠くない未来の現実にワープしていた心がいつもの「放課後」に引き戻される。

前の席に座っていた金田君がくるっと私のほうに振り返って、ニヤッと微笑んで私に話しかけた。ちなみに彼とはほとんど話したことがない。

「鶴見さんてさ」

「うん（なんだろ、突然…）」

「本当は頭がよかったんだね」

「………ん？」

金田君はそれだけ伝えたかったらしく、サクッと立ち去ってしまった。

「も、もしかして、志望校見られたのかしら？」

早稲田大学が第一志望と書いた、私の志望校記入用紙!!

ど、どんな速さで見たの？　裏から透けてたの？（てか、〝本当は〟ってなんだろう）

人生初めて、全然手が届かないような、でも掲げ甲斐のある大きな目標を掲げたのに。

クラスのみんなにはこっそりと、このプロジェクトを進めようと思い始めたばかりなのに、たった1週間でクラスメイトに知られてしまうとは!!（てか、〝本当は〟ってなんだろう）

確かに高校時代の成績は中の中の、そのまた中といった感じだったから、私大の雄である早稲田大学は、私には高望みの志望校だった。

思えば金田君にそう言われたその瞬間から、気体となって身体の周りをなんとなく取り巻いていた私の「勉強できないコンプレックス」は、固体に変化したのだった。そしてその固体は体内の一番深いところにドカッと鎮座して、長く居据わる心構えを見せていた。

あまり話したことないクラスメイトに、私は頭が良くないと思われていた現実。

「そっか～、私は頭が良くないんだ。私は…ダメなんだ」

金田君に暗示をかけられたのかと思っていたが、単に自分で自分に暗示をかけていただけだということに、全く気づかなかった。

●高3からの猛勉強

クラスメイトに、大学の志望校がバレてしまった。その日から私はものすごい勢いで受験勉強を始めた。全く褒められた話ではないが、高2の終わりには2・0もあった視力が、高3の終わりに0・2になってしまうぐらい目を酷使して勉強した（↑事実です）。

すさまじい私の勉強の様子を見た小学生の弟が「あんなに受験勉強しなければ大学に入れないのなら、僕は大学に行きたくない！」と母に宣言してしまうほど、私はトイレと食事とフロ以外は机にかじりついていた。

しかし現役時代は全大学、箸にも棒にも引っかからず、浪人して予備校に通うことになった。ここで一気に巻き返し、を図ったわけでもなかった。成績は鳴かず飛ばず。模試の結果が思うように上がらないときなどは、都合の良すぎる妄想までし出した。

「採点時にコンピュータミスが起きて、なぜか私の誤答が〝全部マル〟になるという奇跡が起きて合格にならないかしら」

早稲田大学に関しては、当時の設置学部の中で理工学部と人間科学部以外は全学部受けた。早稲田だったらどこの学部でもよい、バンカラなキャンパスライフが送れるのなら！

そうやって、私がひねり出したお粗末な「早稲田大学数撃ちゃ受かるかもしれない作戦」や「コンピュータの採点ミスで合格になる作戦（作戦というより奇跡の現象）」はことごとく失敗し、たった1つだけ受かった大学は、第八志望の女子大だった。

2　受かった大学は第八志望

●第八志望はもはや「志望」しているのか

第八志望の大学。つまり「八番目に行きたい大学」のことだ。文字通り理解すればそういう意味だ。しかし心の中を正直に書くと、第八志望って、もはや「行きたい！」と言っていいレベルなのだろうか。いささか疑問である。

一番行きたい大学は「第一志望校（本命校）」と呼ばれている。一方で、手も足も届かないけど入れたらラッキーな「記念受験校」、そして、第二、第三志望校ぐらいまでは、第一志望と似たような難易度の大学を選ぶことが多い。続く第四、第五志望あたりは「本命校より若干難易度は低いが、受かれば自分的に満足な大学」だ。問題は第六志望より先の話である。第六・第七志望の大学はいわゆる「すべり止め」と考えていた。更に、第八・第九志望は「すべり止めがすべり止まらなかったときのすべり止め校」として受けた。

私が唯一受かった大学は、ワタシ的「第八志望」の女子大だった。

●思い描いたものと１８０度違う大学生活

その女子大の教室の窓からは、優雅な東京タワーの代わりに雄大な富士山が見えた。

別に富士山が嫌いなわけではなく、ぶっちゃけキャンパスの立地はどこでもよいのだが、そこが「第八志望のすべり止め校」だというショックを受け止めきれなかった若かりし私は、自称「人生の都落ち」をした気分だった。

志望校にすんなり現役合格した高校時代の友達にも、予備校で1年頑張り学力を上げて、志望校のリベンジ合格を勝ち取った戦友達にも、今は会いたくなかった。いや、本音を言うと一生会いたくなかったのかもしれない。

「入ったところが自分がご縁があった学校」という考え方がある。就職で決まった会社だってそうだ。世の中はすべてご縁の賜物なのだ。頭ではわかっている。頭ではわかっているのだ。しかし心がついていかない。

その女子大は、中学からのエスカレーター式だった。入学して少しするとエスカレーター進学組の、宝塚が大好きな女の子「ハヅキちゃん」と友達になった。

●『出る単』ってなぁに？

「ねえねえゆうこちゃんてさ、大学受験して入って来たんでしょ？（興味津々）」

「うん」

「じゃあアレ？　もしかして、『出る単』とかやったの？（興味津々）」

ちなみに『出る単』とは『試験に出る単語集』のことで、受験生の鉄板アイテムだ。

「…もちろん『出る単』はやったよ？」

それを聞いたハヅキちゃんの目が輝いた。

「すっごーーーーーーい!!『出る単』やったんだ！　私それ名前しか聞いたことない。でも私も名前知ってただけすごい（笑）。ホントゆうこちゃんすごーーーーーい！」

補足をすると、ハヅキちゃんは受験勉強はしたことはないが学校での成績は優秀だ。

『出る単』のテキストを開いたことがあるだけで、こんなに褒めてもらえたのは初めてだったが、今は褒めてもらうより、大学受験をやった大変さを一緒に共感する人がほしかった。

●自分の本心をひた隠す

エスカレーター式に大学まで上がれる学校に通い、他の高校や大学への受験をせずにそのまま上がって来た人は、皆無とは言わないが、「もう一段上を目指そう」、「自分を試すためにここを飛び出て挑戦しよう」という気風が少ない。というより、そもそもそんな気持ちを持つ必要がないのだ。

更に言うなれば、この女子大を第一志望にして合格し入学して来た友人達も沢山いた。

私は彼女達に、「本当はここに来たくなかった」という自分の本音を、秘密工作員張りにひた隠しした。彼女達の中にある愛校心を、私の歪んだ大学の見方で傷つけたくなかったからだ。

バンカラで、女性も男性にしっかり自己を主張する早稲田大学ライフと真逆な女子大ライフ。言い換えれば、こんな風に生きようと思っていた人生とは真逆の人生が始まった。

3　虎の威を借るキツネな私

●失敗が過去の人生までも塗り替える

大学受験の失敗（志望校に入れなかったこと）とは、それまでの自分の勉強成果が受験日当日に発揮できなかったか、自分の学力とそこの大学の入試問題との相性が擦り合わされていなかったか、もしくは総合的な準備時間の不足が原因だ。と、今ならそう分析する。

しかし当時の私は、失敗の原因を「高校生活を楽しく過ごしてしまったから」と決めつけた。

そのお陰で、あんなに大好きだった高校生活が突然、暗黒の思い出に塗り変わった。後悔しても遅いのにというか、そこは後悔するところじゃない、というところを必死に責めては勝手に悔やんでいた。悲劇のヒロインを全力で演じていたのだ。

高校時代、生徒会役員なんてやらないで、その時間を勉強にあてればよかった。部活を３つも掛け持ちしないで、勉強すればよかった。放課後に、友達とファーストフードで延々とお喋りしなければよかった。あれもしなければよかった、これもしなければよかった…。

●活躍しない女子大生になりたい

「目立たないように暮らそう」

結果、私が女子大時代に掲げた目標はこれだった。

学業以外にあれこれ活躍しない女子大生として生きよう。勉強だけをメインにやろう。就職活動準備もすぐ始めよう。そして今度こそ、第一志望（会社）合格を狙うんだ。みたいな。

私が選んだサークルは、勧誘のビラに〈女子大公認サークル〉と書いてあった。てっきり自分の女子大だけで構成されているサークルなのだと勘違いしていた。都から離れた女子大のこのサークルに入って、内輪だけと顔を合わせる静かな4年間を送ろう。

ところがどっこい、そう思って入会したサークルは東大生を中心に5つの女子大・共学大が加わり、総勢200名ぐらい在籍している巨大インカレサークルだった。気づいたのは、新歓コンパのときだ。私の隠遁女子大生生活は、入学して3週間程度で幕を閉じた。

●大学偏差値順に並んだインカレサークル

私達のサークルのコンパは新宿や渋谷でよく開催された。

自己紹介のとき、東大の新入生は「出身高校」も一緒に言うルールになっている。たとえば、開成高校や灘高校といった全国的に知られた難関高校出身だと、あちこちから「名門！」という掛け声がかかる。よく知らない高校名だと「それはどこだ！」と突っ込まれる。文字にすると辛らつだが実際は新入生を愛を持っていじりまくっているのだ。そのやりとりも、また楽しい。

一方女子は、5つの大学から構成されていた。単に、東大の駒場キャンパスに集まりやすい場所に建っている女子大が集まったというだけなのだが、私はそこに無意識のうちに「大学偏差値」を重ねてしまっていた。

「東大が一番上だとして、次に◎◎大学、○○女子大、その次は□□女子大、そこと同じぐらいの☆☆女子大、最後がうちの女子大…」

浪人していた予備校時代の、大学を偏差値で眺めてしまう癖がとれなかった。私達は偏差値に関係なくただ集まっているだけで、同じサークルで楽しくスポーツができればよいだけで、「所属大学を偏差値順に縦に並べろ」なんて誰一人そんなことは言っていない。

しかし、東大生はやっぱり私達女子大生を見おろしている（見下すとはちょっと違う）気がした。これは被害妄想だろうか。片や、他の女子大生達はそんなことは気にしていなさそうに見えた。

●膨らみ過ぎた大学コンプレックス

一方で私は、サークル内の他の女子大生達にも気後れを感じていた。性格が静かな人（↓私に話しかけてこない人）は、私なんかと仲良くしたくないんじゃないかと思って、私も懐に深く入り込めなかった。

あの頃の私には、他人が背負った背景を想像する心の余裕がなかったのだ。東大生には東大生の、トップを走る苦悩やプレッシャーがあったかもしれない。他の女子大の子だってもしかしたら第一志望校は他にあり、そこに進学せざるを得なかったのかもしれない。

私は一方的に劣等感を持ち、おどおどし、ひがみ、でもそんなものは顔には出さずいつもニコニコと笑っていた。楽しい女子大生活を満喫しているフリをした。

時代は、最後のバブルの浮世を謳歌していた。風の噂では、偏差値の高い大学に通う学生は企業から「青田買い」され、就職に有利だという。やっぱり就職は中身や人柄重視ではなくて、大学偏差値が高いほうがよいのか。

そしていわゆる〝偏差値の高い大学〟に入れなかった私は、他の人に自分のサークルの話をするときに「東大のサークル」であることを強調するようになった。

「鶴見さん、何のサークルに入っているの？」

「東大のサークルなの」（↑答えになってない）

「え！　すごい！　東大生と知り合いなの？」

自分が頑張って入学したわけではない東大の名前。たまたま入ったサークルが東大のサークルだっただけ。なのに私は、いちいち「東大が…」とか「東大では…」とか、東大ネタを会話に挟んでいた。まさに虎の威を借る狐、じゃなくて東大の威を借る鶴だ。このままいけば、たとえば東大生と結婚したとすると、誰も聞いていないのに「主人は東大卒ですのよ」とか言う奥様になりかねない。そうなってしまいそうな自分が恐ろしく嫌だった。しかしハタチの頭で必死に考えると、そういう発言で武装するぐらいしか、劣等感に押し潰されそうな自分を助ける術が思いつかなかった。

4　仮面浪人女子大生

●もう一度早稲田を受けよう

本意ではなかった女子大生活に、5月を過ぎてもしょんぼりと通っている娘を見て、いたたまれなかったのだろう、母は私に「女子大に通いながら、もう一度早稲田大学を受けてみては？」と言ってくれた。いわゆる「仮面浪人」である。

母と約束したのは次の2点。

受験生といえども女子大の勉強はきっちりやること。

サークルは、昼間の活動はこの1年は控えること。

これでも不合格だったら、今度こそは気持ちを切り替えて女子大生活を満喫すること。私は二つ返事でオーケーした。

まず、女子大の授業は全部出席、試験の成績もA評価を目指した。

次に、受験勉強や予備校の公開模試を受けるために、土日の昼間は「受験生」に戻った。よって、部屋の本棚は大学の真新しい専門書が並ぶと同時に、使い古した赤本や大学受験用問題集もいまだ現役という、珍しい光景になった。

問題なのは、居心地が良くなり始めたサークル仲間への説明である。というか説明ができない。

「私、今仮面浪人してるの。受かったら女子大もサークルもやめると思うから、よろしくね～！」

なんて、自分勝手過ぎて言えるわけがない…。

●ついたあだ名が「コンパの鶴」

「おう鶴見、来週の日曜の練習行くか？」

「あ、その日はちょっと…昼にはずせない用事（公開模試）があってダメなんだ。夜のコンパから合流するよ！」

「鶴ちゃん、土曜日の新入生向けトレーニングは来られそう？」

「あ…その日は無理なんです（受験勉強しなきゃいけないので…）。その代わり、来週コンパは参加できます！」

せっかく入ったサークルだ、みんなの名前を覚えたり話したりしたかったので、2時間程度のサークルの飲み会だけはできるだけ参加していた。お酒はめっぽう弱いのだが（笑）。

ある日、サークル内の手づくりの会報を見ておったまげた。

私のことを同期の女の子が会報で紹介してくれたのだが、

「鶴ちゃんは絵が上手くて、練習には来ないけどコンパにだけは顔を出す、名付けて〈コンパの鶴〉！　みなさん、そんな鶴ちゃんをよろしくね♪」

と楽しそうに書かれていた。

もちろん彼女に悪気はない。確かに私はコンパにしか出ていないからだ。（違うの！　コンパだけ行きたいわけではないの！　飲み会が好きなんじゃなくて、しかもお酒はほぼ飲めないの！　これには話せば長～い深～いワケがあって、しかも今は何もしゃべれないのよおおおおお！）

そんな思いまでして挑んだ3年目の正直。そこで受かったら感動ドラマだが、その年も早稲田大学は私に微笑んではくれなかった。

5　就職して小学3年生から再スタート

●いつから受験勉強始めればよかったのか知りたい！

高校時代、早稲田大学を卒業したら進んでみたい職業はテレビ局だった。当時作成されたバブル時代のトレンディ映画に『就職戦線異常なし』という作品がある。人気絶頂の織田裕二や和久井映見、今はワイドショーやバラエティ番組等で引っ張りだこの坂上忍等が出演していた。

テレビ局に就職したい主人公（織田裕二）が、就活仲間と他の業界も受けつつも本命のマスコミ入社試験を受け、最後に華のテレビ局内定を勝ち取るサクセスストーリーだ。

当時の私は「あれが、ＴＨＥ★就職活動というものだわ！」と思いっきり勘違いしながら、就活のイメージトレーニングをしていた。

しかし、私が就活する頃になるとバブルはとっくに崩壊し、学生有利の潮の流れは変わっていた。一方で私の仕事の興味の方向も変わって来た。テレビ局は行ってみたい会社の1つであったが、その頃の私の関心は、「教育業界（進学塾業界）」に移っていた。理由は、「私は何歳から本腰を入れていたら、早稲田大学に入れたのか知りたかったから」だ。

仮面浪人生活から足を洗い、それなりに楽しかった残りの女子大生活を以てしても、私は早稲田大学のことを、学生時代の忘れられない片思いの人を想うみたいにイジイジと考え続けていた。

●大手進学塾に就職

全国に教室を展開させている、とある大手進学塾に内定をいただき、晴れて進学塾の正社員となった。とは言っても、教壇に立っていたわけではなく、本社で塾に通う生徒達のために、得意のイラストで、会社のイメージキャラクターなどを作成していた。

私はこの会社で、私立中学を目指す小学生達が、毎日どれだけ勉強して、毎週どれだけテストを受けているかを目の当たりにした。そして「受験生の数だけある中学受験の悲喜こもごもなドラマ」を知ることとなった。

社員としての本分や部署の業務を果たさなければいけないのは当然のことだ。しかし心の深い部分では、私も彼らと一緒に「小学生から勉強をやり直す」つもりだった。何より受験生達の勉強量は凄かった。私は日々学び進んでいる小さな戦士達の背中を見て励まされたり、怠けていた若かりし自分を、時に反省したりしていた。

進学塾に就職したかったもう1つの理由は、「勉強から離れたくなかった」ということだ。勉強することを忘れてしまったために成績が急降下した高校時代が、トラウマになってしまっていたのだ。

社会人になって勉強から離れてしまうと、また何かに失敗してしまう気がした。進学塾ならその点は大丈夫だ。山ほどのテキストやテスト問題に囲まれて、ひと時も勉強を忘れることはなかった。

6　学歴コンプレックスの独り相撲

●ハマったフランス語とパリ

話すと長くなるのでここでは割愛するが、女子大時代にハマったものにフランス語があった。女子大時代に約1か月のパリ短期留学を2回、更に入社3年目に1年間のパリ長期留学をした。

フランス語学習で難しいとされているものの1つに、鼻から息を出すように発音する「鼻母音」というものがあるが、なぜかその発音と相性がよかった。フランス人の先生にフランス語の発音を褒められるともっとうまく発音したくなり、私はフランス語学習にのめりこんでいた。

「早稲田大学には行けなかったけれど、花の都パリで1年間学ぶことができた。そしてこの不況の中、総合職の正社員として就職することもできたわ」

それでもう充分じゃないか。

女子大を卒業して4年も過ぎている。私の学歴コンプレックスは折り合いをつけながら、自然消滅したに違いない。

●会社の後輩に学歴嫉妬

そんなある日のことだった。会社で、シャキシャキした明るい新入社員に、何かの仕事の用事で話していたときに、それはやって来た。

その新入社員の子は、ふとした話の流れでこう言った。

「私、大学が早稲田だったんですけど、そのときに…」

刹那、心臓を握られて体中の筋肉が収縮したような不思議な感覚に襲われた。私の体のどこかにある古傷が疼いたのだ。

更に、とんでもないことが起きた。彼女が私に対して何か喋り「アハハ」と笑ったその瞬間。

「この子、私が女子大出身だからってバカにしたわ！」

と思ってしまった。

（………。何？　今生まれたこの感情は、何？）

自分で自分が全くわからなかった。新入社員の彼女はいい子だ。何も気に障ることも言っていない。しかし、早稲田大学出身と聞いただけで私の受け皿が今こんなにも変化したのだ。私のことをバカにしていないのに、バカにされたと思ったのだ。

私はクラクラした。全く消えていない。行きたい大学に行けなかったコンプレックスが全く消えていない。日々の沢山のやることに追われ、深く刻まれたその傷を見る暇がなかっただけなのだ。

私は今後「早稲田大学出身」の人に出会うたびに、自分の中から湧き出るこの感情と向き合わなければいけないのだろうか。これじゃあまるで学歴コンプレックスの独り相撲だ。死んだだろうと思っていた怪獣ゴジラがまた海から上陸して来たような衝撃だ。こんな気持ちのまま生き続けたくはない！

　でもどうすればいいんだろう…。

●隣の家のおば様に言われた一言

　落ち込んで帰宅した私に、母が陽気にこう言った。

「今日ね、おとなりの奥さんと話してたの。うちの娘は早稲田に行きたくてしかたがなかったのよ〜と言ったら、『あら！　お宅の優子ちゃんは早稲田より慶應ってイメージがするわよ！　慶應のほうがお嬢さんに合ってるわよ絶対』と言ってたわ〜（笑）」

　私にイメージが合っているというだけでは慶應大学に入れないのです、隣の家のおば様（汗）。

　そして、逆にイメージが合っていなかったら、やっぱりいくら受験しても、そこには合格できないのだろうか。考えても答えは出ない。

「というか、この悲観的な堂々巡り、もう嫌だ〜！」

私は後悔することにすら疲れていた。

第2章

そうだ、慶應行こう!

1　志望動機は「三田キャンパスの石畳」

●行きたい大学が変わった日

慶應義塾大学を志した理由は、教育理念が云々…、創設者の福澤諭吉先生が云々…、○○教授がいるから云々…、そんな理由を書いてみたい。

しかし10年間早稲田大学一筋だった私が、「慶應もいいかも」と初めて心が動いたきっかけは、かなり単純な出来事からだった。最初に謝っておきます、ごめんなさい！

私が勤めている進学塾は、月に一度、大学や中高の校舎を借りて公開模試を開いている。

１９９９年12月の第一日曜日、私はその公開模試の仕事で慶應義塾大学三田キャンパスに来ていた。コンサバな黒いスーツにパンプスという姿で正門の内側に立ち、やってくる小学生達に試験会場への誘導を行っていた。

その日は例年になく寒い日だった。両手の指の先が霜焼けになりながら、ちょっとでも暖かくなるように、仕事の合間に足踏みして、身体を温めようとしていた。

足踏みすると、パンプスが正門前に敷かれた石畳に当たる。カツン、カツンカツン、カツンカツン。足踏みする度に足の感触が私に何かを伝えている。そうやって3時間も過ぎた頃、ふと、懐かしい足の感触の正体を思い出した。

「パリだ！　パリの石畳だ」

慶應義塾大学三田キャンパス正門の前に敷かれた石畳は、大好きなフランス・パリのそれと同じ素材・同じ方法で敷き詰められていたのだ。私は留学時代、硬い靴でパリの街を歩いていた。人生は、「たまたま」の連続が織りなす長い織物なのかも知れない。たまたまその日の仕事が慶應義塾大学の三田キャンパスだった。たまたま正門の前に立つ係だった。仕事で来ていたからたまたまパンプスを履いていた。たまたま寒かったので足踏みしていた。たまたま、たまたま…。

今までずっと、私の行きたい大学は早稲田大学だった。しかし早稲田大学への愛校心が年々深まっていたのではなく、月日と共に憧れは執着や意地に変わっていた。早稲田大学を純粋に好きだった季節は、私の中でとっくに終わっていたのかもしれない。

一方で、女子大時代にフランスに何度か留学し、その文化や人に触れたことで、フランスもまた愛すべき対象になっていた。私とフランスの間に人生の打算はなかった。フランス語とフランス好きは、就職活動で有利に働いたわけでもない。

そのフランス好きが心の橋渡しをし、10年越しの早稲田大学への想いがはじめて、「早稲田以外の大学」に動いた。

「正門をくぐり、石畳の上を歩き、通学する。このキャンパスに通いたい！　慶應に行ってみたい！」

福澤諭吉先生、重ね重ね、発端がこんな動機でごめんなさい！

2　慶應義塾大学通信教育課程とは

●通学課程と同じ学位記

会社が休みの日に、あらためて慶應大学の三田キャンパスに行き、「慶應義塾大学通信教育課程」のパンフレット（願書つき）を購入した。もちろん、指定の書店でも販売しているし郵送で取り寄せることもできるが、なんとなくキャンパスまで足を運びたかったのだ。

はやる気持ちを抑えながらパンフレットを読む。慶應義塾大学通信教育課程（以下は慶應通信）が設置している学部は、文学部、経済学部（商学部含む）、法学部の３つだ。入学すると、テキストによる通信授業、通学する（スクーリング）、そして私の入学した当時はなかったが、放送授業やメディア授業、などを履修し、それぞれ試験を受け単位を修得していく仕組みらしい。

これらを組み合わせて履修して１１６単位修得していく。これにプラス、卒業論文の8単位が加わり、全１２４単位を修得すると、晴れて卒業となる。

「卒業すると、昼間の通学課程と同じ学位記が授与されるの⁉」

そんな一文を見つけ、嬉しくなった私は更に先を読み進める。

高校を卒業した人は普通課程、短大・高専を卒業した人は特別課程、大学を卒業した人は学士入学となり、特別課程と学士入学の者は修得する単位が一部免除される。在学は最長12年とのことだ。

124単位
無我夢中
ラストスパート！
卒論
卒業
入学
2単位
2単位
1単位
この辺で
心折れそうになる
気合入れ直す！
慶應通信は
四国八十八箇所
歩きお遍路に
似ている(!?)
(特にメンタルが)
yuka

私は4年制の女子大を卒業しているので、学士入学となる。頑張れば最短2年半で卒業できるらしい。

「在学期限12年？　私は単位もいくらか免除されるし、そんな長い年月かけなくても余裕のよっちゃんで卒業できるわ！（笑）」

補足すると、「余裕のよっちゃん」は紛れもなく死語だし、入学前は誰もが根拠もなく強気だ。

慶應通信は、4月1日入学の春入学組と、10月1日入学の秋入学組に分かれている。つまりチャンスは年に2回だ。私は会社の繁忙期（1月〜3月）を過ぎてからとりかかったので、10月1日の秋入学を目指すことにした。

出願書類を取り揃え、顔写真を貼り、各所記入する以外に、「志望理由書」もしっかり記入しなければならない。志望理由書の文字数はそんなに多くはないが、逆に言うと、制限文字数以内にいかに要点をおさえてまとめられるかが勝負だ。会社が休みの日に少しずつ準備していたら、全部揃えるのに1か月ぐらいかかってしまった。

●慶應通信で外国語は必修

慶應通信の外国語は必修科目だ。それは学士入学者も同じで、たとえば東大や京大で第一外国語を優秀な成績で卒業した者でも、慶應通信での外国語授業はとらなければいけない。

私は英語が大の苦手だが、英語にチャレンジするしかないか…と思っていたところに、外国語選択欄にドイツ語とフランス語もあることに気づいた。

「フランス語を第一外国語にするという手もあるかも」

女子大時代に、フランスのパリが大好きになったことから自然とフランス語も好きになり、美術&語学留学もした。私の今のフランス語力が、慶應通信のフランス語のレベルに通用するかどうかはわからないが、全くの初心者でスタートするわけではない。志願書の外国語履修届欄の「仏」の文字を、ドキドキしながら○で囲んだ。

●慶應通信の文学部はまんべんなく学べる

文学部は専門分野が大きく3つの類に分かれて設置されている。第1類は哲学を主とするもの、第2類は史学を主とするもの、そして第3類は文学を主とするものといった感じだ。

入学願書を出すときには、自分が学びたい「類」を決めて出願するのだが、入学後の単位修得は、所属する類の科目から28単位以上、そして、所属する類以外の科目からも修得可能となっている。

つまり、哲学を主とする第1類にいても、第2類の科目である「日本史」や「考古学」などを学んでもよいし、第3類の科目である「国文学」、「日米比較文化論」や「シェイクスピア研究」なども学べるということだ。

後でわかったことだが、社会人は狭い「専攻」という枠にとらわれず、自分に今必要な学問をまんべんなく学べるように、文学部においては、類の間にある壁を取り払ってくれているそうだ。

3　ゲリラ雷雨の中、届いた合格通知

●嵐の中の訪問者

２０００年９月。その日は私のウン十ウン回目の誕生日だった。

女子大生の頃のように誕生日にディズニーランドに行ったりおしゃれなレストランに行く予定はないのだが、「誕生日だから」という小さなプライドでもって会社は休みにしていた。

リビングでコーヒーを飲みながらテレビを観る。母は先ほどから2階でタンスの整理に忙しい。外は数分前から、ディズニーランドやホテルのレストランには到底出かけられないぐらいのゲリラ雷雨。1分に1回ピカっと光っては、数秒してズドドーン!!　と、遠くに近くにと雷が落ちる音がする。

そのとき、ブラウン管の向こうに映し出されていたのは、シドニーオリンピックの柔道女子48kg級の決勝戦だった。決勝の舞台まで勝ち上がって来たロシアのリュボフ・ブルレトワ選手の対戦相手は、われら日本が誇る「ヤワラちゃん（谷亮子さん、当時は田村亮子さん）」だ。

テレビの解説「さあ田村！　金メダルへの挑戦！」

ピカッ！（雷光る）

私「ひゃあああ雷コワイコワイコワイコワイ！」

ちなみに私は雷が大嫌い。

ズドドドドオオオン!!（雷落ちる）

私「ひゃあああ雷コワイコワイコワイコワイ！」

試合開始から38秒。「ヤワラちゃん」が相手に仕掛けた。

テレビの解説「内股――――――――!!」

シドニーの観客「大歓声！！！！！！」

ピカッ！（雷光る）

私「うわ！　また雷！　コワイコワイコワイ！」

テレビの解説「やりました!!　田村の金メダルは一本勝ち!!」

（ヤワラちゃん、歓喜のあまり両手で顔を隠す）

ズドドドドオオオン!!（雷落ちる）

私「ぎぇぇぇぇぇ！　カミナリやめてえええ！（ワタシ、恐怖のあまり両手で顔を隠す）」

テレビの向こうの大喝采と、家の頭上のゲリラ雷雨の大音量のその隙間に「♪ピンポーン」と蚊の鳴くような玄関のチャイムの音が聞こえた。

私がいそいそと玄関のドアを開けると、嵐の中にずぶ濡れの郵便配達員が立っていた。

「こちら鶴見優子さん宛です。ハンコお願いします」

薄っぺらい一枚の封書だった。

●慶應通信、合格

差出人は「慶應義塾大学通信教育学部」となっている。とするとこれはもしかしてもしかして…。心臓の鼓動が突然音を立て始める。リビングに戻るまでの数歩が待てず、歩きながら手でヘタクソにビリビリとその郵便物を開けて、中から三つ折りのＡ４用紙を取り出した。

「…………。」

ピカッ！（雷光る）

「貴君は本塾通信教育課程に合格しましたので、お知らせします」

ご…、

ご…、

ご……、

「……合格だあああああああ！！」

ズドドドドオオオン!!（雷落ちる）

ブラウン管の向こうで、テレビの解説者が感極まって吠えている。

「8年越しの金メダル!!　夢を叶えましたね！　田村！」

「私は10年越し（の志望校合格）だよおお！」

シドニーの観客「ワーワー!!」

●金メダル級のプレゼント

18歳の頃から延べ、早稲田大学第一文学部を4回、教育学部を3回、政治経済学部、法学部、社会学部、第二文学部にそれぞれ1回ずつフラれ続け、10年経った今、慶應義塾大学文学部（通信課程）に「合格」をもらった。慶應義塾が私にくれた、最高に最強に嬉しすぎる、「金メダル級の誕生日プレゼント」だった。

「受かった!!　私受かった!!　慶應受かった!!」

2階に駆け上がり母に伝えた。母は喜んでくれたが、安堵のほうが勝っていたようだ。

また不合格だったら、娘の学歴コンプレックスが、どんどん固くなり溶けにくくなってしまうのを心配していたのだ。

「良かったわねぇ。本当に、良かったわ」

激しかったゲリラ雷雨は、いつの間にか止んでいた。

4　通信課程は「合格の実感」が薄い!?

●慶應通信に合格したものの

慶應義塾大学通信教育課程に「合格」した。

「合格した」という事実が確かにそこにあった。

しかし、………それだけ、だ。

おかしい。いわゆる10代の大学受験の通学課程合格のときと、社会人になってからの通信課程合格のときの、周りの反応が違うのを肌で感じる。

しかも、自分の中の喜びの温度も10代の頃と何か違う。その各種温度差を体温計で計って数値化できるのであれば、すぐさま計りたいものだ。

高校のクラスメイトが慶應義塾大学に現役合格したときのことを思い出した。担任の先生は生徒の合格報告であればそれがどこの大学であっても喜んでいたが、その大学名が東大や早稲田や慶應であったりすると、心なしか「おめでとう！」の声に力がこもっているような気がした（私のコンプレックスでゆがんだ耳がそう聞こえさせたのかもしれないが…）。

クラスの中で浪人が決定した生徒はもとより、早稲田や慶應を第一志望にしていて残念な結果だった生徒は、第一志望の東大や早稲田や慶應に合格したクラスメイトを、まるで有名スターを見

るように遠巻きに眺めた。憧れと羨望と、そこを受けて玉砕した自分とを内面に混在させながら。

私は彼らの横に並ぶどころか、細心の注意を払い、なるべく近づかないようにした。

いつの時代もそうだが、進学を目指す学生にとっての第一志望校合格とは「理想通りの人生をゆく者」なのだ。

それから10年後。私は晴れて慶應義塾大学に合格した。今度は私があの日の彼らのように称賛され羨ましがられ、畏れ多いと距離をとられる番だ。私は内心ウキウキしながら会社に行った。

これから社会人大学生と会社員の二足の草鞋生活が始まるにあたり、いささか迷惑をかけてしまうかも知れない同僚や上司に、嬉しさは控えめに、業務テンションで伝えてみよう。タイミングよく、向こうから同僚がやってきた。

「私、……働きながら慶應大学に通うことになったの。この秋から」

「ほんと〜!?　すごい!!　よかったね!!　おめでとう!!　…あ、ところでさ昨日来たあの仕事のメール見た?」

(あら?　すぐ話題が仕事に切り替わったわ)

次は上司だ。

「ご報告があり…秋から慶應大学に通うことになりました！」

「へぇ〜、それはおめでとう！　え?　会社辞めたりしないよね?（笑）」

「会社は辞めません！（笑）」

高校時代からの友人にもメールで伝えた。

この友人ならきっとびっくりし、そして自分も行きたがるはずだ。なんといっても私達は、2人そろって第一志望に行けなくて、悔しい思いをした大学受験臥薪嘗胆コンビなのだ。

「あのね、私ね、秋から…慶應通信に通うの！」

「え～!! おめでとう！ 鶴りんの夢が叶ったね！…実は私も…」

（え？ もしかしてアナタも社会人大学生？）

「報告があって。この間の合コンで知り合った人と結婚することにしたの！ そ・れ・で、お式はお台場のチャペルで行うんだけど～ぜひ鶴りんに披露宴でスピーチをお願いしたく…♪」

友人の関心事は第一志望の大学じゃなくて第一志望の結婚相手に変わっていた。ていうか結婚相手に第二志望とかいたら怖いけど。

●年齢ごとに人生の競争種目は変わる

偏差値表の中に偏差値順にギッシリと並んだ大学達。その希望の大学の偏差値に、自分の学力が見合うように受験勉強に全力をかける。それが達成され合格すると、周りは称賛し、塾や学校ではちょっとしたヒーローになった。

しかし人生は、動く歩道の上に乗っているようなものだ。人生の動く歩道はその時その時で、まるで夜祭の屋台のように右から左から違う価値観を私達に提案してくる。「学生時代」が終わり就職をしたら、かつての受験競争は、会社での自身の営業成績や出世の競争に変わる。
女子は顔色には出さないが、周りの仲間うちの小さいコミュニティーで「結婚のトップゴール」を密かに競い、「30歳の誕生日まではなんとしても駆け込んでも結婚したい（２０００年当時）」という目標に変わっている。（もちろん例外もあるが）
私達は、人生の動く歩道の上で年齢ごとの価値観に振り回され、小義の競争をこれからも続けて行くのだ。

●静かにスタートした大学生活

そんなこんなで、思ったほど周りから「スゲー！」とは称賛されなかった、私の社会人になってからの慶應通信の合格（趣味の通信講座に入会した1202120２０２１と思われたのだろうか）だった。

誤解を恐れず言えば、私はあの頃間違いなく、他人から称賛されたくて慶應大学を選んだ。そして慶應大学に受かった自分を称賛したかった。しかし実のところ、自分でもそれほどまでの自己称賛が沸いてこなかったのも事実だった。

というのは、慶應通信に限らず大学の通信課程というのは合格の実感が薄いのだ。ひとえにこれは、「通学していないから」という理由が大きい。

自宅にペラッと一枚、合格通知が送られて来るだけ。10月の秋入学者も、４月の春入学者と合同で4月に三田キャンパスで通信教育課程の入学式が行われる。が、その入学式は任意だ。入学にあたってのオリエンテーションも希望者のみの参加だ。それらに参加の都合がつかない場合は、それはそれで構わない。

つまり「合格通知一枚」が届いたときから、驚くほど静かに大学生活はスタートしているのだ。

●慶應通信仲間はどこにいる？

私が慶應通信に入学した2000年は、今のようにまだSNSが活発ではなかった。

ツイッターで勉強用のアカウントをつくったり、ブログで『慶應通信生の日々』でも綴ればいくらか「通信大学生仲間」の存在を感じられたと思うが、それも皆無。

せめて私と同じように慶應通信に合格した者同士なら、この不安の入り混じった喜びを同じぐらいの熱量で分かち合えたかもしれない。しかし日本のどこに慶應通信生がいるのかわからない。どこに行けば学友と気軽に話せるのかもわからない。

「ああ～　日本のどこに～　通信　やってる　人がいるのよおお～！」

…と、つい山口百恵さんの　♪いい日旅立ち　のメロディに乗せて替え歌をつくりそうになる。

だが一方で、1人でも「やってやれないことはない」とも考えている自分がいた。それは、4年制の大学を卒業したことがあるという自負だ。

「女子大の頃と同じようにやればいいんだわ」

テキストをしっかり読み、レポート課題をしっかり理解し、図書館で資料を借りて読みまくり、しっかりレポートを書けば、きっとＡ（優）評価を貰えるに違いない！

5　喜びと不安入り乱れての入学式

●慶應通信の入学式

２００１年の４月末、私は明るい色のスーツを着てＪＲ田町駅に降り立った。慶應通信生のための入学式が三田キャンパスで行われるからだ。

去年秋に入学してから半年後、やっと「自分が在学している大学のキャンパス」に足を踏み入れた。もちろん、今までに三田キャンパスには何十回も〝お邪魔して〟いる。第一、高校時代は「通学路の一部」としてキャンパス内を横切っていたぐらいだ。私にとってその頃の三田キャンパスは、楽しい高校時代の思い出の一部でもあった。

女子大生や社会人になってからも何度か訪れたことがある。その頃は逆に辛かった。同年代の慶應生達がキャンパス内を我が物顔で闊歩していたからだ。…いや、彼らにとっては自分の大学だから我が物顔で全く構わないのだが。

私は慶應通信の学生になったが、晴れて「私が想像する慶應生の自信」を身に着けられたわけではなかった。だからやっぱりキャンパス内ではドキドキオドオドキョロキョロしていた。

入学式会場には、同じくスーツを着た「大人大学生達」が、一定の距離をとってそれぞれ座っている。その微妙な距離感はお互いの心の距離感でもあったのだろう。入学式に来たというよりも、どこかの企業のセミナーか説明会に来たような表情をしていた。

「入学式嬉しい！　でもはしゃいでいる姿を見せてはいけない。私は『いい歳をした大人』なのだ。あくまでも冷静に…でもやっぱり嬉しい〜！」

そんな感情がミックスされると、あんな表情になるのかもしれない。

慶應義塾塾長の新入生へのはなむけの言葉、通信教育学部長からのはなむけの言葉、式はスルスルと進み、最後は現役の慶應義塾大学応援指導部の方々が登壇して、♪慶應義塾塾歌　と　早慶戦で有名な　♪若き血　の歌の指導タイムになった。もちろん　♪慶應義塾塾歌　ははじめて聴くものだ。♪若き血　もメロディはなんとなく知っているが、歌詞なんてわからない。会場の多くがそんな感じだ。

配られた歌詞カードを目で追いながら、応援指導部の方の歌声を聞く。この歌を私が声高らかに歌う日なんて、来るのだろうか。

●慶應通信にある勉強会サークル「慶友会」

式が終わって会場を出た私達を待ち受けていたものがあった。「慶友会」の勧誘だ。

「慶友会」とは、通信生が入ることのできる大学公認の勉強会サークルの総称だ。地域ごとに組織され、月に一度の定例会を行ったり、定例会に慶應の教授をお招きして講演をしていただく「講師派遣」というものも開かれたりする。

慶友会でお互いにわからないところを教えあったり、情報交換したり励ましあったり、時には一緒に早慶戦に行ったりしながら皆で卒業に向かって行くのだ。

●慶友会と私の心の温度差

三田キャンパスの中庭に続く銀杏並木の下には机が並び、各地域の慶友会の旗が掲げられている。入学式会場からぞろぞろと出てくる新入生を見つけるや否や、彼らの勧誘合戦が始まった。

「◎◎慶友会です！　よかったら入りませんか！」

「□□慶友会でーす！　これから入会説明会始まりまーす！」

彼らの目が爛々と輝いている。一方の私ときたら、前のめりな彼らに若干ドン引き気味だ。彼らはなぜあんなに仲間をつくって学ぶことに熱中しているのだろうか。第一、私には会社の仕事がある。月イチの勉強会なんて参加している暇はないだろう。しかも、1日の中でどうやって勉強時間をつくればいいのか皆目わからないのだから、サークルで交流する時間なんてない。無理！　無理無理無理！

慶友会の皆さんの熱血ぶりを見て、自分の慶應通信に対するテンションの低さを思い知らされてしまった。楽しい嬉しい入学式だったが、これから始まる学問のトライアスロンに、一抹どころか二抹も三抹も不安を落とし、私は田町駅を後にした。

6　自分で動かないと何も始まらないのが通信制大学

●すべての計画を立てるのは自分

小学校から高校までの12年間、学校では学習カリキュラムが組まれ、先生はそれを軸にして授業を進める。

いついつまでにこの範囲を終わらせたら、次の試験ではここからここまでの範囲を出題するといった具合に。女子大時代も、教授が決めたシラバスに沿って学んでいった。

だから慶應通信からもそのうち何らかの「具体的な学習指示」が来るのだろうと思っていた。勉強の進みが遅い学生には、生活指導ならぬ通信教育学習指導の電話がかかってくるのだと。

結論から述べてしまうと、そのどちらもなかった。完全なる放置プレーだ。

しかしこの一見放置されているかのように見える教育方針は、実は「物凄い高度な教育方法」だったとずっと後になって知ることになるのだが、そんなことは気づきようもない。

ちなみに大学側からは、通信教育学部の基本的な決まりや卒業までの進み方が書かれている『塾生ガイド』、テキスト学習のための補助教材『テキスト科目履修要領』、科目試験対策のために『過去の試験問題』が冊子になって送られて来る。

いずれもサラっと読んでみるも、頭ではなんとなく理解できたが何から手をつければいいのかよくわからない。たとえば、スキーの未経験者が『スイスイ滑れるようになるスキー入門』の本だけを読んで、すぐにスイスイ滑れるようにはならないのと似ているかもしれない。

「もう少し『補助輪的なアドバイス』がほしいなぁ」と、自分の部屋の床に座り呟いた。

●攻略の仕方を自分で考えるのも「学び」だ

卒業した今ならわかる。慶應の教授陣は、学問の仕方を自分で開拓・工夫・足りないところは補強するところも含めて、「すべて学んで」ほしかったのだ。

できるようになるまで自分で工夫を重ねることから得られる成長を、学生から取り上げてしまわないために、それ以上の口出しはしないのだ。

しかしそんな「子獅子を谷に突き落として這い上がらせるような陸の王者の教育」が始まったとはつゆも知らない私は、ひたすら指示待ちに徹していた。補足すると、子獅子の私はまだ谷にすら突き落とされていなかった。

●母も慶應通信生

実はわが家には、もう1人慶應通信生がいる。それは母だ。

母は戦後の生まれで、中学高校は都内の私立女子校に通っていた。学問が好きだった母は本当は大学に進学してみたかったそうだが、自分の本心にそっと蓋をし、高校卒業後は銀行に入行した。

しかし結婚をして子供を産んだ後も、やはりどこかに「大学で学んでみたい」という炎は消えていなかったようだ。そして母のもう1つの夢が、「親子で同時期に大学生をやってみたい」というものだったらしい。私が慶應通信生になったことで、母の2つの願いは叶えられた。

●語学は最初にとったほうがよい？

慶應通信の先輩である母が、スクーリングのときに隣になった女性から聞いたという情報を1つ教えてくれた。

「語学は最初に単位を取り終わっておいたほうがいいみたいよ」

理由は、外国語学習というのは上達までに時間がかかるから、最後まで残して不合格が続くと在学期限切れになってしまうことがあるという。私は納得し、第一外国語として選んだフランス語から やり始めることにした。フランス語なら、フランス留学を終えたばかりだったので「勘」があるし、第一、フランス語学習は苦ではなかった。

しかし問題は、フランス語以外の科目だ。手の付け方（山の切り崩し方）が全くわからないのだ。これには困った。というより、たとえば母に質問しようにも、何から質問すればよいのかすらわかっていないのだ。テキストの知識を頭に叩き込む何歩も手前の事から自分で考えて、作戦を考えて動かないといけない。

通信制の大学は自分で動かないと何も始まらない。そしてそれに全く気づいていない私だった。

7　卒業率ってそんなに低いの？

●卒業率が低いのは私達が「大人」だから

初めに皆さんに断っておくと、慶應通信の卒業率は、発表されていない。もしかしたら５％ぐらいじゃないかという人もいる。ここでお伝えしたいのは、皆が夢と希望に満ち溢れ入学したのに、卒業までたどり着ける人がそのぐらい少ないという現実だ。

私はこのことを、入学してから知った。自分の性格からすれば、入学前に知らなくてよかったと思う。入学前に知っていたら怖気づいて、きっと受験すらしなかったからだ。

当時の私は卒業率の低さを、学力が足りない人が脱落していくからだと、漠然と想像していた。しかしずっと後になって、低い学力と脱落率は通信大学生にとって必ずしも比例していないということがわかって来た。多くの人が卒業できないのは、私達が「大人だから」だ。

●大人は勉強時間が取りにくい

学生時代、私達は授業と放課後と趣味のことだけを考えていればよかった。それは周りの大人達が、子供に学生生活だけをのびのびとさせてあげられるように、他の雑務や面倒なことをすべて背負い、身代わりでやってくれていたからだ。お陰で、やる気さえあれば（？）勉強のための固まった時間をつくることができた。

しかしオトナ大学生達は違う。仕事を持ち、家事や育児をやり、あるいは介護をし、老眼が進んだ視力と闘いながら机に向かうのだ。

自分に子供がいれば、その子が学習をしやすくなるように便宜を図ってあげているのは私達大人で、その大人が学習に向き合う時間は学生時代のような時間帯にはないことだけは確かだ。

この事実に気づかない人がまず壁にぶちあたる。「学生の時のように勉強がはかどらない、勉強時間が捻出できない」と。

●人生にはいろいろな事件が起こる

卒業を妨げるもう1つの大きな壁は、在学年数の長さだ。いろいろあって在学年数が長くなることは、悪いことではない。ちなみに、私は卒業までに11年半もかかった。

在学年数が長くなるということは言い換えれば、「人生も多様に進んでいる」ということだ。

独身時代に日々の勉強時間を確保できた人が、結婚と同時に相手に気を遣い勉強しにくくなったりする。相手（夫・妻）が伴侶の勉強に理解があった人は結婚後も学習を継続できるが、子供が生まれると途端に勉強時間がとれなくなる場合もある。更に言えば、一児だけだったらやりこなせたのに、2人目が生まれてから継続が難しくなる人もいる。子供ができるということは、家族のために行動する時間が増えるということ、言い換えれば、自分の自由になる時間が減るということだ。

一方、仕事でも同じことが言える。キャンパスの傍に会社があるから通いやすいと思っていたサラリーマンがいる。ところが1年経ったら異動を言い渡された。新しい部署で覚えることが沢山だと、やっぱり勉強は後回しになる。

地方転勤になると、スクーリングの通い方も変わってくる。その部署その部署での同僚や上司の社会人学生への理解度も変わる。

もっと言えば、海外転勤になる場合もある。毎回飛行機に乗って科目試験やスクーリングを受けに、日本まで来なければいけない。

自分が病気になるというケースもある。入学した頃は健康だったのに、途中で病気を患い学習速度がペースダウンするケースもある。

こんな風に、1つの問題だったら乗り越えられたのに、問題が複数重なって学習が継続できなくなる（学習時間の捻出方法がわからなくなる）ケースもある。

そんなときこう思うらしい。「今は◎◎が大事だ。人生は長い。自分の勉強はいつでもできる。もう辞めるしかない！」と。

大人が結果的に退学していく理由は、今私が思いつく限り書き出しただけでもこんなに出てくる。夢を抱いて慶應通信のスタートラインに立った人達の多くは、こうやって正当な理由でやめていくのだ。

大人は、やめる言い訳がうまいのだ。

一方、卒業にたどり着いた人は、どんな状況になってもその都度作戦を1から立て直し、工夫して乗り越えた人だ。言い換えれば、「自分の置かれた様々な学習環境に一切言い訳をしなかった人」が卒業したのだ。言い訳をせず、続けていれば入学した皆が、卒業できる道が拓けて来る。

第3章

慶應通信という「知の大海原」で

1　早速ピンチ！　全テキストが理解不能

●慶應通信生生活が始まる

想像してみよう。自分が海の真ん中でたった独り、手漕ぎボートに乗っている。どうやら沖に流されたようだ。あたりを見回せど他の船や、ましては港などは見えない。この状態で、自分が選ぶ道は２つ。何もせず波に流されるままにしながら救助を待つか、とりあえず自分でオールを漕ぎ出そうとするかだ。

慶應通信生生活がスタートしたときの心境は、この海の上の手漕ぎボートによく似ていた。

慶應通信に合格し、学費を振り込み必要書類を大学に提出すると、入学許可通知や学生証、補助教材、テキストなどが次々に送られてくる。まるで独り暮らしを始めた息子のところに田舎の両親から、「これを送ろう」「これなんかも必要じゃないか？」「うちの畑でとれた野菜だぞ」と荷物が次々に届くようなイメージだった。しかし、田舎の両親が夕飯もつくりに来てくれるわけではなく、その野菜が届いたら、いざ料理をするのは自分だ。

入学通知許可証や自分の顔写真が貼られた学生証は、自分も慶應生になったんだと実感が湧き、何度見ても飽きなかった。また大学側から慶應義塾大学入学記念として、福澤諭吉先生の自伝『福翁自伝』も届いた。明治期に書かれた伝記なので文体は古めかしく、その文体に慣れない私は読むのに苦労したが、福澤先生が人生に経験した数々のエピソードは面白く、時に身につまされ、慶應義塾の創設者が「どういう人物だったか」を知る手掛かりとなった。

その他、慶應通信の決まり事などが詳しく書かれた『塾生ガイド』は、その多大な情報を整理しながらやっとのことで目を通した。

●慶應通信テキストに先制パンチを喰らう

さて、皆さんお待ちかね！　私もお待ちかね！　の、慶應通信のテキストの登場だ。どんな学びが待っているのだろう。わくわくは最高潮のボルテージだ。

慶應通信のテキストは複数回に分かれてダンボールに詰まって配本されるのだが、1箱目、2箱目…、と届くにつれて、私はあることに気がついた。

「表紙のデザインが、全教科ほぼ一緒だわ！」

真っ白い表紙の真ん中に、科目名が書かれている。表紙の下には小さい字で、この学問を修めると取得できる単位数が添えられている。中身は全ページモノクロで、どのテキストも文字がぎっしり詰まっている。表紙を眺めていたら、映画『スター・ウォーズ』に出てくる、ダースベーダー卿の後ろに威圧的に並んでいる白い兵隊ストーム・トルーパーを連想してしまった。私はこれからずっと、慶應通信のストーム・トルーパーの一団と机上で向き合っていかなければならない。

果てしない挑戦に一瞬気が遠くなりかけたが、意を決して、興味がありそうなタイトルのテキストを手に取り、1ページ目から読み始めた。

読み始める。

読み始め…る。

読み始め……られない（汗）。

これはどういうことだろう。自慢ではないが私は読書は大好きだ。女子大時代に用いられた学術的なテキストだって楽しく読んで学んだ。

しかし、この慶應通信のテキストは、他のどれとも違った。

20行目ぐらいまで読み進めると、1行目あたりに何が書かれていたか、もう思い出せないのだ。仕方がないので、また1行目に戻る。しかし20行目ぐらいになると、また同じ現象が起きている。

まるで突然脳みその表面に強力な防水加工がされてしまったように、文字が脳の中に浸透してこないのだ。

「このテキストが私と反りが合わないんだわ！　きっとそうに違いないわ！」

私はそう解釈し、今度は「薄めのテキスト」に手を伸ばした。単純な発想だが、薄いから易しめなのではないかと考えたからだ。しかし結果は1冊目と全く同じ。

これを何冊か繰り返しても、脳みそは依然として防水加工（防文字加工？）されたままだった。

「どうしよう……」

慶應のテキストは、ある程度は難しいだろうなと覚悟していた。しかし私は大学を1つ卒業している。女子大の成績だって悪くなかった。いや、かなりよかった。だから「ちょっと大変だけど、きっとやりこなせる」とたかをくくっていたのだ。

早速、慶應通信に先制パンチを喰らわされた。1ページも頭に入ってこない状態で、どうやってレポートを書いたり試験を受けたりできるのだろうか。いや、書いたり受けたりはできるのかもしれないが、どうやったら「合格」レベルに持っていけるのか。どうやったら「合格」を何十科目も繰り返し116単位まで積み上げられるのか（卒論の8単位を除く）。

そして、「全部のテキストが理解できません」という相談を、どこにすればいいのだろうか。

慶應通信から送り込まれた表紙デザインがほぼ同じデザインのテキストの大群を前にして、闘いが始まったばかりの私はひたすら途方に暮れるばかりだった。

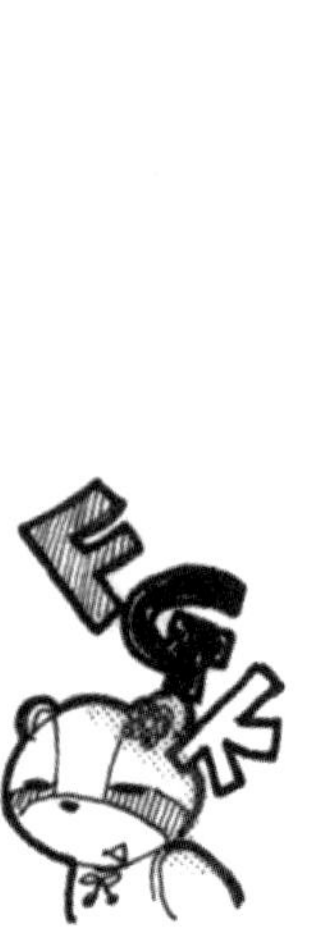

2　レポートは「感想文」ではない

●初めて書いたレポートは不合格

どうにかこうにか1冊目のテキストを読み終えた（最後のページまでたどり着いたという意味）。次にレポート課題を見て、記念すべき初の慶應通信レポートに取り掛かった。

私は文章を書くことも好きだった。予備校時代の小論文の授業ではしばしば「お手本」に選ばれたし、雑誌にちょっとした文を投稿しては、結構な頻度で掲載されたりしていた。女子大時代も、教授にレポートの類を一度も直されたことはなかった。私は「自分のこの書き方でよい」と信じて疑わなかった。

今回のこのレポートも、テキストの他に10冊も参考文献を読み、記念すべき慶應通信第1回目レポートは渾身の作に仕上がった。自画自賛ならぬ「自レポ自賛」だ。

当時の慶應通信はＧＰＡ制度は導入されていなく、Ａ～Ｃまでが合格で、Ｄは不合格だ。待つこと約1か月、返却されたレポートを開くと、まさかの「Ｄ（不合格）」の文字。採点してくださった教授からの講評は「考察力が足りません」とのことだった。

「（Ｄ――‼）」

頭をお寺の鐘突き棒で思いっきり殴られた感じだった。ゴーーーーン。

「あんなに頑張って読めないテキストを最後まで読んで、あんなに頑張って参考文献を10冊も読んで、あんなに頑張って仕事の休みの日に書き上げたのに。なんで「不合格」なの？　パパにもぶたれたことがないのに！」

と、思いっきり昭和の悲劇のヒロイン気取りだが、時間をやりくりし全力で頑張ったものに対していとも軽く否定されると、ショックと同時に逆恨みの念も湧き上がってくるから不思議だ。

玄関先で不合格レポートを眺めて呆然としている私を見て、母が心配そうに声をかけてきた。

「どうしたの？　何か郵便物来てたの？」

「う、うううん何も来てないよ（笑）」

私は自分のバッグに不合格のレポートをねじ込んだ。

●渾身の再レポートを作成

最近は通信生の間で、「不合格」のことをアルファベットで「ＦＧＫ」と書いたりもする。当時は「Ｄ」の表記を「デラックスのＤ！」とカッコよく呼んでみたりしては、各々傷ついた心を和らげようとしていた。ただの負傷ではない、名誉の負傷なのだ、と。

数か月後、意を決して「再レポート（同じ課題で書き直し）」に取り組んだ。ちなみに、数か月も不合格レポートを寝かせておかなくとも、次の日に取り掛かってもよいのだが、私はショックが大き過ぎて、何か月も寝かせてしまった。

渾身のリベンジレポートはひと月後にまた同じ教授の採点で「D（不合格）」として帰還した。講評は「まだ考察力が足りません。もっとテキストを読んでください」だった。

玄関先で不合格レポートを眺めて愕然としている私を見て、母が心配そうに声をかけてきた。

「どうしたの？　何か郵便物来てたの？」

「う、ううううん何も来てないよ（笑）」

ヤバい、このシーン以前にも体験したな…。

●広がっていくネガティブな妄想

先にも書いたが、通信の大学生は基本孤独だ。喜びも分かち合えないが、悲しみも分かち合えないのだ（現在はSNSが発達しているので、同じ境遇の仲間と比較的繋がりやすいが）。

誰にも言えない「不合格」とたった1人で向き合わねばならない。いや、向き合いたくない。もう、どこかに逃げてしまいたい。

採点してくれた教授に対して「ネガティブな妄想」がフツフツと沸き上がって来た。

「この教授は私のことが嫌いなのかしら。一度も会ったことがないのに嫌われるってどういうことかしら。きっと私達通信生より昼間の通学生のほうがかわいいんだろうな…。あ、私が第八志望の女子大出身だったたから、不合格なのかしら？」

妄想は更なる妄想を膨らませ、良くない妄想が心の闇の宇宙に無限に拡がった。たった1回や2

回の不合格で（しかも自分の考察力が足りないせいで）、採点をしてくださる教授をも一方的に恨んでしまいそうな勢いだ。

ここでちょっと補足をしておくと、レポートの採点教授は初回から最後まで同じ先生が担当してくれる。学生のレポートの成長具合も、同じ教授が採点するからこそわかるものだ。

教授達は、通信生のレポートの採点だけをしているのではない。自身の研究をし、通学生や院生に講義をし、試験の採点をし、ゼミ生や通信生の卒論を指導し、学会に出て、学内外の仕事もこなし、通信生のスクーリングも担当し、そして通信生のレポートを読んでくださっているのだ。

もしも通信生のことを「成長させたくなければ」甘めに採点するかもしれない。しかし、慶應が求める考察力や論理力のレベルまで来てほしい、人に手取り足取り教えられて直すのではなく、自分で気づいて改善して這い上がって来てほしい、そう願うから何度もレポートを突き返すのだ。

まぁ、私がそんな教授陣の愛に気づくのは、ずっとずーっと後のことだった。

●ネガティブな妄想が消えた瞬間

さて、半ば開き直りの気持ちで、まるで果し合いの決闘を申し込むような再再レポートを投函した私。戻って来た採点欄には、「Ａ（合格）」の文字が。講評は「よく書けています」だった。

「……あら？　この教授、私のこと嫌いじゃなかったのかしら？（むしろ好きだったのかしら？）えへへへへ。次もがんばっちゃおっかなー（笑）」

この世の春が一気に私にやって来た思いだった。レポートを採点してくれた教授を瞬間的に憎んでいた、どす黒い私はどこかにいなくなった。

「どうしたの？　何か郵便物来てたの？」

「うん、これを見て！」

私は今度は胸を張って、まるで小学生みたいに母に「合格レポート」を見せた。

●自分の言葉で書くってどうやるの？

それにしてもこのレポートから始まり、その後何年も、どの科目のレポートを書いても初回は「D（不合格）」だった。細かく指摘してくれる教授もいれば、数行で改善点を教えてくれる教授もいる。そしてどの教授からも圧倒的に書かれていた講評は「考察力が足りない」だった。これが私に今一番足りていない力なのだろう。

レポートは感想文ではない。だれかの意見のつぎはぎ（引用文だらけでレポートを作成する）でもいけない。私はレポート課題と向き合って必死に考え、頭からひねり出したその言葉を「自分の言葉」だと信じていた。でもそれは、「自分の言葉」ではなかったらしい。

自分の言葉で書くってどうやればいいのか。自分の言葉って一体なんなのか。卒業するまで、いや、きっと一生考え続けるテーマなのだろうな。

3　科目試験でヤマをはずしまくる

●ヤマかけが下手な私がヤマをかける

ここだけの話だが、私はジャンケンにめっぽう弱い。ジャンケン勝ち抜き大会だと、ほぼ初回で敗退する。あまりにも勝てないので子供の頃、弟とジャンケンをするとき「負けたほうが勝ち」というルールに変更してもらったら、驚くほど〝勝った〟というエピソードがある。なので、勝負師には根っから向いていないと自負している…。

そんな私が、慶應通信科目試験の1週間前に、出題の「ヤマ」をかけた。理由は簡単、仕事に追われていたらテキストの勉強が追い付かなくなっていたのだ。

ヤマをかけた数か所を重点的にやって、色々な意味でドキドキしながら、初の科目試験を受けに三田キャンパスに出かけた。

キャンパスでの試験…実に何年振りだろう。試験会場となる教室の中央に、試験監督の教授が立っている。

席の間の通路を往き来しながら用紙を配っているのは、通学生のアルバイトだろうか。

机の上には受験票、筆記用具、時計、そして問題用紙と回答用紙…。

「では、始めてください」

教授の合図と同時に、一斉に用紙が裏返る音が響く。試験が始まった。

「………始まったばかりだけど、終わったわ」

試験問題を見た瞬間、私は上野の国立西洋美術館の庭にいるロダンの「考える人（レプリカ）」のように、げんこつの手を顎に置いたまま固まった。その日受けた科目の試験は、3問の語句説明だったが、その語句が、テキストのどこに書いてあったか全く思い出せないのだ。もっと詳しく言うと、その3問はすべて「ヤマをかけた以外の章」からの出題だった。

そのうちの1問は、それらしき答えを書いた。しかし他の2問は完全にお手上げだ。見当違いなのは百も承知で、テキストの記憶に残っている部分をどうにかつなぎ合わせて、一応質問に答えた形になった。

「…ヤマをかけたところから何も出題されなかったわ」

慶應通信の科目試験は、同じ科目のレポートを書き終え、通信事務局に受理されてはじめて受験することができる。私は初めての科目試験で、1科目しかレポートを出していなかったので、受けられる試験も1科目ということになる。試験が始まる前、周りの人の受験票が目に入ったが、2日間の試験で6科目も受験する人もいた。

「6科目もレポート書けたのか…」

一方の私ときたら、1科目をやっとこさ受けられただけで、しかもヤマを外して不合格の可能性大だ。慶應通信は、レポートと科目試験が2つ合格してはじめて「単位ゲット」となるのだ。

スクーリング以外に私がその年やったことと言えば、同じ科目のレポートを３回書いた。そして今回のヤマを外した科目試験だ。つまりスクーリングの単位以外は1単位もとれていないことになる。去年は2単位しかとれなかった。今年もがんばっても2単位だ。この速度でいけば、卒業するまでに30年ぐらいかかりそうだ（注：慶應通信の在学期限は12年）。

「どう考えても卒業できない！……『今のやり方』のままじゃ」

●いつも初回は「不合格」の私

それからも、過去の失敗から学べない私は、科目試験1週間前になると焦り、ヤマかけが不得意なのにヤマをかけるハメになった。レポートと同じく科目試験も「初回不合格」が続いた。

一番良いのは、テキストを1冊丸暗記して科目試験に臨むことだ。しかし、そんなことは無理だ。挑戦もしていないのに、無理だと思って疑わない自分がいた。

要するに、学生時代にやってきた学習法のフォームから見直さないといけないのだ。

1日の中に勉強時間が溢れているなんて、10代の頃までの話。社会人や主婦になってしまったら、勉強以外が生活のメインになっているはずだ。学生時代は1週間前からダッシュしても間に合った試験勉強が、他のやることで埋まっている大人が同じく1週間前から始めても、時間が足りないのは当たり前のことだ。しかしあの頃の私はまだ気づいていない。それどころか、山師の才能がない自分を恨むという、見当違いなことをしていた。

4　はじめてできた学友

●はじめてのスクーリング

夏が来た。通信課程の学生が「大学に通える」季節になった。スクーリング（対面授業）だ。

慶應通信のスクーリングとしては、8月にある「夏期スクーリング（通称・夏スク）」、9月末から12月にかけて行われる「夜間スクーリング（通称・夜スク）」、そして私が入学したての頃はまだなかったが、9月から10月の2か月間、土曜日と日曜日だけ通う「週末スクーリング」がある。

慶應通信の学生は、スクーリングは必要単位分とらなければいけない。

もっとも、スクーリングは日吉と三田キャンパスでのみ行われるため、地方在住者はその期間中の宿を確保し、新幹線や飛行機に乗って駆け付ける。何かと費用もかかる。

夏期スクーリングは、Ⅲ期に分かれて行われる。Ⅰ期とⅡ期が日吉キャンパス、Ⅲ期が三田キャンパスだ。期間はどれも6日間で、1科目2コマで申し込む。朝の8時45分から1時限目が始まり、2科目申し込むと17時15分までみっちり授業だ。

最終日に試験が行われるので、帰宅したらその日の授業をまとめ、頭に叩き込みながら次の日に備えなければいけない。

私はその年、Ⅱ期の日吉キャンパスと、Ⅲ期の三田キャンパスにフルコマで通うことにした。

慶應通信生
夏期スクーリングいろいろ
午前中はスクーリング
午後から会社に戻る
(その逆もアリ)
地方からの遠征組はホテル暮らし
1週間分の荷物をキャリーケースに詰めて
母、スクーリング。
夫と息子がキャンパス訪問
福澤諭吉先生像を記念写メする
yuko.

●スクーリングで学友づくり？

実は、98％は期待していなかったが、2％ぐらい期待していたことがある。それは「スクーリングで学友ができること」だ。

ほとんどが孤独の成分でできている通信大学生生活に、わからないところを相談しあったり、学食でランチを共にしたりできたらどんなに大学生活に張り合いがでるだろう。まさに、孤独な通信大学砂漠の中の憩いのオアシス！

さて、実際のスクーリング。まずは通信生用の掲示板の前に行く。そこには出席する科目の教室番号が書いてあるのでちょっとした人だかりだ。その掲示板の下で、

「あ、あなたも◎◎学ですか？　私も同じなんで一緒に教室に行きましょう！」

…なんていう出会いはなかった。

授業開始を待つ教室には、大人の大学生達がお互い誰にも話しかけずに座っている。あくまで、「自分は今日のこの授業を受けに来たのであって、友達をつくりに来たのではなーい！」という雰囲気だ。

では休み時間はどうだろう。

「いやー、さっきの教授の仰っていたここの箇所がよくわからなくて（笑）」

みたいな雑談になるかと思いきや、誰も声をかけあったりしていない。行列ができないうちにトイレを済ませたり、淡々と次の授業の準備をしている。

昼休みの学食ならどうだろう。だだっぴろい日吉の学食の大テーブルの空いているひと席にちょ

こんと座り、キョロキョロしながら定食を食べる。そこへ、

「よかったら一緒に食べませんか？　私、九州から受けに来て1人なんで…（笑）」

などというお誘いは1件もなかった。皆が皆、1人で黙々と食べている。

あとでわかったことだが、やはり皆も「学友ができるんじゃないか」と少しだけ期待をしながらスクーリングに参加していたのだが、声をかける勇気がなかったと言っている方が多かった。

多く友達なんてできなくていい。話せた人が1人でもいたらいい。そのスクーリングの時期だけの短い繋がりだったとしてもいい。ほんのちょっとの勇気が、通信大学生ライフを楽しくさせる秘訣だ。

卒業時に振り返ればそれが「通信大学生の思い出の1ページ」に刻まれるのだ。

●フランス語の教室にいた隣の席のおじさま

そんなこんなで初めのタームは〝ノー学友のまま〟瞬く間に過ぎ、次の週の三田キャンパスでのタームに突入した。1・2時限目は中級フランス語の授業。事前に配布されたシラバスによると、フランス語のやさしい日常会話を学ぶという授業で、ロールプレーイングもするという。

夏スクーリングは皆、基本的に会社の休みをとって参加しているので、ラフな格好の人ばかりだ。

しかし、フランス語クラスの私の隣に座っている年齢不詳のおじさまは、スーツ姿で来ていた。おじさまは涼しげな表情を一切変えない。誰よりも早く教室に来て、机の上にテキストと筆記用具

とノートをきっちり用意して準備万端だ。

（このおじさまはなんで暑いスクーリングのさ中、１人で暑苦しいスーツを着ているのだろうか。趣味かしら？）

真横に座っているということもあり、興味本位というか怖いもの見たさというか、チラチラと見ていたら、何回目かのチラ見の瞬間にうっかりおじさまと目が合ってしまった。涼しげな表情のおじさまは、ニヤッと笑ってこう言った。

「フランス語は初めてなのですか？」

「フランス語は経験者なのですが、スクーリングは初めてなんです！」

おじさまは古川さんという方で、外交官だった。仕事で必要だから、フランス語の他に英語はもちろん、スペイン語もアラビア語も堪能らしい。現在は日本勤務なので、その間にスクーリングを受講しているという。この授業が終われば午後から外務省で仕事なのだそうだ。だからスーツを着ていたのか。

古川さんはパッと見はクールな印象だが、授業では積極的に発言をし、質問をし、クラスの雰囲気を盛り上げてくれた。先生からもテキストからも学ぶことが多かったが、古川さんからも沢山学ぶことになった。

この、スーツを着たクールな、外国語バリバリ堪能の古川さんが私の最初の学友となった。

大学学食あるある
by・つるりん
①
日吉の学食で
カフェテリア方式
90円
100円
うおっ！さすが学食安い!!
②
850円です
はい
たくさんとりすぎて逆に高くなった
③
三田の山食(学食)で
山食名物カレー
ボリューム満点！
ウマウマ♥
④
食べ過ぎて午後の授業で睡魔が
食べ過ぎ注意！

●慶應通信のサークル「フランス語研究会」

秋になり、古川さんはフランス語の学習経験がある私を、慶應通信のサークルの1つ「フランス語研究会（現在はありません）」の勉強会に招待してくれた。

その日はフランス人講師を招き、パウロ・コエーリョの小説『アルケミスト』のフランス語訳を皆で読み進めていた。

「難しかったけど楽しかったなあ。たまにはこういう刺激もいいなぁ」

勉強会が終わりひとりごちていたそのとき、古川さんが、全身ピンクでトータルコーディネートされた、パーティドレスみたいな服を着たひとりの美女を連れてきた。

（この人これからパーティーに行くのかしら）

「はーじーめーまーして～♡この方がツルミさん？　よろしくおねがいしますー♡ワタクシここの研究会の会長をしています♪　古川さんからうかがったんですけどぉ、ツルミさんってパリに留学されていたんですって？　すっごーおい♡私も興味あるんですパリ留学♪　この研究会はフランス留学経験者がいなかったのでツルミさんみたいな方が入会してくださるとみんなも張り合いがでると思いますっ♡」

その女性はそこまで一気に喋った。

「……あ、私、今回だけ参加させていただいただけで…ていうか慶應通信の勉強も進んでいないのでそれ以上の活動はちょっと…（笑）」

「うんうんうんわかるわかるー♪　そこはバッチリ大丈夫！　フランス語研究会のみんなも慶應通信の勉強の進め方とか教えてくれますよ～☆　みんなでいっしょに慶應卒業、しちゃお～♪」

私は全身ピンクづくめの美女「ピンキーちゃん」に押し切られ、気がつけばフランス語研究会に入会していた。余談だが、ピンキーちゃんが着ていたパーティードレスは普段着だった。

●ユニークな学友達

初めてできた慶應通信の学友古川さんとピンキーちゃんは、いろいろな学友を紹介してくれた。ピンキーちゃんが紹介してくれた「留くん」は、歌舞伎俳優。集まりにはいつも黒いスーツでグラサンをして登場した。古川さんの学友「大友さん」と「平田さん」は古川さんが所属しているスペイン語研究会で知り合ったという。２人は古川さんと年齢も近く、「通信生三銃士」みたいだった。私達は古川さんに連れられてサルサダンスを習ったり、フランス語研究会ではピンキーちゃんが企画したゼミ合宿に参加したりもした。

しかしやっと学友ができたと思ったのも束の間、古川さんは次の年に南米に赴任が決まり、あっさりと日本を飛び立った。外交官とはそういう宿命なのだろう。

私達は一度だけ皆で南米の古川さんのお宅に遊びに行ったが、そこでも古川さんは現地人の人を家庭教師に雇い、現地の言葉を学んでいた。その後古川さんは慶應通信ではなく、南米の大学を卒業したと風の便りで聞いた。

5　学習意欲の風が止む

●毎日勉強しないと自分に腹が立つの！

慶應通信に入って、毎年夏期スクーリングや夜間スクーリングにはせっせと通って単位を積み重ねていたものの、たまに出すレポートや科目試験では相変わらず「初回は不合格」ばかりだった。その不合格にいちいち多大なショックを受けて、再レポートにとりかかるまでエンジンがかからず、おまけにひと月以上放置するので、なかなか「単位獲得」にならなかった。

私が慶應通信5年目に入った頃、学友ピンキーちゃんは「卒論執筆」の真っ最中だった。科目試験も毎回必ず6科目ずつ受験しているようだ。

「毎日少しずつでも試験勉強やレポートをやらないと、自分に腹が立つの！」

毎日仕事の忙しさにかまけて、何もやらなくても何も罪悪感がない私とは大違いだ。

ピンキーちゃんは慶應通信事務局から毎月通信生のもとに届く『三色旗』や『ニューズレター』もかなり読み込んでいるようで、冊子の中にあちこちふせんを貼ったり、アンダーラインを引きまくっていた。

ある日の夜間スクーリングで、ピンキーちゃんとばったり会った。私の姿を見つけるや否や、「鶴りーん♪」と叫び手を振り、喜んで駆け寄って来た。

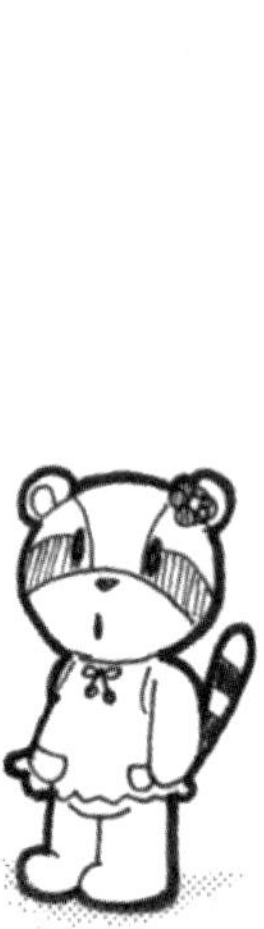

「ねぇねぇ、１月の科目試験、何受ける？（ワクワク）」

「あ……（何もレポート書いてないから受けられないや）、うん、１月は会社が忙しいから受けないんだ（笑）」

とっさに嘘をついてしまった。

「仕事が忙しい」は色々な場面で都合がいい大人の常套句だ。

「そうなんだぁ。そうだよね鶴りんの会社、入試の時期は忙しいもんね。私は次回も６科目がんばっちゃうよー♡」

「すごい…ね」

「学友の『お姉さま』とどうしても同じ年度に卒業したいの！　だから私も頑張っちゃう！　毎日寝不足で目がクマ子なんだけど～♪（笑）」

なぜピンキーちゃんはここまで頑張れるのだろうか。美しい顔の目の下に隈をつくりながら、なぜここまでストイックに毎日取り組めるのだろうか。

頑張るピンキーちゃんに会うたびに、慶應通信の進捗を聞かれる。全然進んでいないもんだから、聞かれても困る。

私は徐々に、ピンキーちゃんから距離を置くようになっていった。

ピンキーちゃんのことが嫌いなのではない。

私が嫌いなのは〝私自身〟だ。

●がんばり切れない私達

その頃、歌舞伎俳優の留くんが「直接会って話したいことと渡したい物がある」からと、歌舞伎鑑賞に誘ってくれた。歌舞伎のプロに解説してもらいながら鑑賞する歌舞伎はすごくためになった。

しかし、留くんは一体何を話したいのだろう。彼は歌舞伎座の席でこう切り出した。

「実はね、慶應通信…やめることにしたんだ」

私に渡したかった物は、慶應通信の手書きレポート提出用の原稿用紙だった。未使用のものが何冊もあるから、使ってほしいのだそうだ。

「鶴りんはさ、これでレポートいっぱい書いてね！」

私だって全然レポートを書いていないから家にいっぱい未使用の原稿用紙がある…とは言い出せなかった。

留くんはその日、慶應通信をやめざるを得なくなった理由をいくつも述べた。一番の理由は歌舞伎に専念したいからだという。留くんの言う「やめる理由」はどれももっともだった。

わかる。わかりすぎる。やめるときは、やめなければいけないような正当な理由が溢れ出てくるのだ。そしてそれらの理由は聞いている者を納得させる。大人同士だから、「大人の言い訳」が共感できるのだ。

「仕事が忙しい。働いた給料で学費を捻出しているのだから、その仕事をおろそかにできない」

そうだよね。今、重要なプロジジェクト任されたんだものね。

「育児が忙しい、もっと子供に時間をかけてあげなければいけない」そうだよね。お子さん、まだ小さいしね。

もっともだ、もっともだ。すべて共感できるけれど、どれも大人の言い訳なんだ。

慶應通信で学ぶことに憧れて入学した人達は、基本は勉強が好きな人達の集まりだ。向上したい意欲で溢れている人ばかりだと言っても過言ではない。

入学したときは「卒業」を夢見たはずだ。

では何故、多くの人が卒業にたどり着けないのだろう。

１つは自分の成長の伸びしろの可能性を信じられなくなって、諦めてしまうからだ。この山は絶対動かないと、私は絶対卒業できないと。

心が諦める方向に傾くと、ものすごい勢いでそれを裏づける「辞めなければいけない理由」が湧き出てくるから不思議だ。

そしてそんな私も、いよいよその仲間入りをしようとしていた。

6　えぐられた最後の自尊心

●慶應通信の話題を封印

次の年になって、春の卒業式の集合写真を見る機会があった。そこには、袴姿のピンキーちゃんが学位記を胸に抱き、一緒に卒業したかった「お姉さま」と並んで誇らしそうに写っていた。ズキンと胸が痛んだ。全然頑張れていない自分にズキン、と。そして、ピンキーちゃんにおめでとうと言ってあげられなかった自分にズキン、と。

しかし一方で、少しだけホッとしていた。慶應通信で知り合った外交官の古川さん、歌舞伎俳優の留くんに続き、ピンキーちゃんもいなくなるとすると、ついに私の学友は学内にいなくなる。これでもう、キャンパスで私の慶應通信の進捗具合を訊ねてくる人はいない。このままフェードアウトしても、誰にも気づかれない…。

会社では幾度となく人事異動があり、私が慶應通信に入った報告をした上司も同僚も、私の部署からいなくなっていた。私が慶應通信に入ったことを知っていた人達も「4年過ぎたから鶴見さんは卒業したに違いない」とか、「何も言ってこないから退学したんだろう」と、私に聞くまでもなく自己完結している人が多かった。一方の私も、慶應通信の話は人前でしなくなっていた。話して

しまうと皆興味津々で「卒業はいつ?」と聞かれてしまい、地雷を踏むからだ。慶應通信に挑戦して来た数年間を、なかったことのようにして生き始めていた。

変化は私だけではなかった。20代は旅行や趣味や自分磨きをしていた友人達も、やり尽くしたといった感じで、30代になると結婚し始めた。友人達を見て、自分もこのまま慶應通信をやめてしまったらどうだろうと考えた。大人になった今では出身学校名で差別されることもない。

「そうよ、そもそも人生で2つも大学を卒業しなくてもいいんだわ！　慶應を卒業したらやってみたいことはいくつかあったけど、やらなくても人生は回るのよ」

慶應通信を卒業しない人生でもよいのではないか。心はほぼほぼフェードアウト退学の方向に傾いていた。やめて行った人と同じく、「やめる理由」はいくつもつくることができた。

ピンキーちゃんが卒業してからの丸まる４年間、私は慶應通信の学費は払い続けていたが、一切テキストを開かなかった。

●友人の家に招かれる

人生とは、思ったようには行かないものだ。

慶應通信の勉強も思ったようにも進まないが、思ったようにも退学できない。

そんなとき知り合った友人がいた。その人は何かのきっかけで私を家に招待してくれた。

家には、良い身なりのお母様がいて、私たちは一緒に食事をしたのだが、お母様は初めてやってきた我が子の友達である私に何も質問はせず、自分のことばかりを話されていた。

はじめは私も興味を持って耳を傾けていたが、ふと不思議に思った。なぜこのお母様は私に何も質問をしないのだろう。「どこに住んでいるの?」とか「なんのお仕事なの?」とかでもいいのに。

いよいよおいとまする頃になり、お母様がやっと私に質問してくれた。

「鶴見さんは、どちらの大学をお出になられたの?」

今は慶應の学生だが、「お出になられた」といえば女子大だ。なので素直に女子大の名前を答えた。

お母様は「あらそうなの」とだけいい、掘り下げて聞くでもなく、また自分の話に戻った。

●不満そうに見えたお母様の本心

結局、何時間か滞在して私へのプライベートな質問は「出身大学」だけだった。

おかしい。何かモヤモヤする。夜になってもそのモヤモヤは消えず、逆にある種の不安になって胸の中でどんどん膨らんでいった。思い切って私は友人に電話をかけた。

「私、あなたのお母様を怒らせてしまったのかな? 大学名しか聞かれなかったけど。というか、私がいて不満そうに見えたけど、気のせいかな?」

友人はなかなか口を割らない。私はいつになく食い下がった。そして友人はやっと本当のことを答えてくれた。

「母にとって、優子ちゃんの卒業した女子大は偏差値が低かったみたいで…」

友人は本当に気まずそうに伝えた。

「母には言ったの。『鶴見さんは今慶應に通っているし、努力家なんだ』って。そうしたら…」

そのお母様は我が子にこう答えたらしい。

「18歳から22歳の間に行っていた大学（の偏差値）が人生のすべてです。その後にいくら行っても意味がありません」

「正直に話してくれて…ありがとう…」

結局お互いが気まずくなり、その友人自体は何も悪くはなかったがそれっきり疎遠になってしまった。そして実は、そのお母様だって悪くはない。私に面と向かって言ったのではなく、自分の子供に本音をこぼしただけだから。

私は久しぶりに号泣した。早稲田大学に落ちたあの日のように号泣した。泣いても泣いても涙はどんどん私の中から製造された。泣き過ぎて、目がフグのように腫れぼったくなってしまったじゃないか。

やっぱり私の出た女子大は偏差値が低いのか。口には出さないが、そういう目で見ている人もいるんだ。

そして私も知っている。私だって自分の出た大学を偏差値が高いと思ったことはない。だから図星ど真ん中で、痛いところを真正面から突かれたから、こんなにも涙が出るのだ。私が出身大学以外のことで自分を磨いても、あのお母様には意味がないということか。

●私の前に現れる、学歴・肩書主義者達

不思議なもので、10年に1人ぐらい、異常に学歴や肩書を気にする人が私の前に現れる。自分の出身高校や大学名から始まり、聞いてもいないのに親はどこどこの会社の役員をやっているとか、親戚は皆医者か弁護士だとか、7人乗りの高級車を持っているとか、食べ物の銘柄はどこどこに限るとか、会話の最中にずっと、学歴・肩書・ブランド自慢をし続ける人が。

私はこれからも10年に1人ぐらい、こういう「肩書武装してくる人」にビクビク怯えて、時たまグサッと心臓を刺されて、また号泣しなければいけないのか。

・・・・嫌だ。

嫌だ嫌だ嫌だ嫌だ嫌だ嫌だ嫌だ嫌だ!

人間の価値は過去で決まるのではなくて、現在と未来にどう生きるかだろ!

10代で入った大学名(学校名)だけで、人間のすべてを決めつけられてたまるかっつーの!

最終学歴を上書き更新してやる。慶應を卒業してやる。絶対絶対絶対卒業してやる。

そしてもう、誰にも、あんなことは2度と言わせない!

いや、言われてもいい。どんな立ち位置になろうとも言いたい人は言ってくるだろう。むしろ、言われても全く気にならないぐらい、強い人間になってやる。

7　最高でも卒業、最低でも卒業と決めて

●続けていれば卒業できる

さて、「絶対慶應通信を卒業してみせる‼」と決意表明したものの、どうやって「卒業」にたどり着いたらいいのか皆目わからなかった。アドバイスをくれる同時進行中の学友も１人もいない。

そんなとき、かつての学友にて慶應通信卒業生のピンキーちゃんから久しぶりのメールが来た。

「鶴りん元気？　お久しぶり～♡　あのね、今度私の誕生日パーティーをわが家で開きます。参加者は２００人ぐらい☆出入り自由です♪　鶴りんもよかったらいかがですか？」

自分の誕生日パーティーに２００人…ピンキーちゃんは相変わらず凄かった。

たまたまその日は仕事だったので参加できなかったが、久しぶりにいただいた昔の学友からのメール。もう以前のように、慶應通信から逃げていない私は、きちんとピンキーちゃんに向き合えていた。私は質問した。

「私、慶應通信の勉強が進んでいなくて…やり方、どうすればいいの？」

ピンキーちゃんからの返事は、意外なものだった。

「慶應通信は、続けていさえすれば、ゼッタイ卒業デキマス☆　だからがんばって♡」

もっと具体的な手取り足取りの学習アドバイスを期待していたのだが、禅寺の僧侶が発するよう

な一言だった（イメージ）。しかし、貴重な卒業生の言葉としてありがたく受け取った。ありがとう、ピンキーちゃん！

●母の休学と退学

わが家の慶應通信の先輩だった母と、過去に一度だけ、一緒に夏期スクーリングの授業を受けたことがある。三田キャンパスの西館の広い階段教室で、並んで座って講義を聞いた。母は娘と並んで座り、同じ授業を受けることを楽しみにしていた。

夏期スクーリングは、夜間スクーリングと違って、短期集中型だ。帰宅後は、お互いの理解不足の箇所を補い、図書館で借りた参考文献を回し読みして、最終日の試験に備えた。今思えば、懐かしい慶應通信の思い出の一コマだ。

しかし、その頃はまだ、私のほうが慶應通信の勉強に本腰を入れていなかったので、母と慶應通信の勉強のことで、積極的に意見を交わしたことはなかった。

母は、家で勉強中に眠くなると、青竹踏みを踏みながら、慶應通信のテキストを〝立ち読み〟していたそうだ。

「夜間スクーリングの最終日の試験が終わった後、三田キャンパス内の銀杏の黄色い落ち葉をサクサクと踏みながら、夜道を帰宅したの。試験が終わったあの解放感と言ったら、なかったわ～」

母は何度も、この話を嬉しそうに繰り返した。

そんな母が、2つの理由で休学することになった。

1つは、家庭の事情だ。今、自分が大学生として頑張るよりも、家庭の中のことに専念したほうがよいと決めたようだ。

もう1つは、母が目の病気になってしまったことだ。もはや治療はできなくて、目を酷使しないことが唯一の療法だった。

母は結局、休学の後に復学はしなかった。ある冬の日、息子（私の弟）に付き添われて退学届を出しに行った母は、退学届が受理された後も、なかなか三田キャンパスを立ち去ろうとはしなかったと、弟から聞いた。

●私が2人分卒業するから

「私ね、マミ（母）の分も卒業するよ。慶應通信を2人分、卒業する！」

どうやったら卒業にたどり着けるか皆目わからなかったが、慶應通信を退学してしょんぼりしている母を元気づけようと、勢いだけでそう宣言した。

「そうなの？　じゃあ、…お願い」

母はそっけなく答えたが、あのときの私の言葉は一番嬉しかったと、後で語っていた。

母を元気づけようとつい口からこぼれ出た言葉だったが、自分のためという他に、誰かのために卒業するという目標も、大きなパワーを貰えるということがわかった。

私1人の卒業なら挫けやすくとも、誰かの分の卒業も担っているとなると、簡単に挫けるわけには行かない。

絶対卒業しよう。どうやったら卒業できるのかわからないけど、絶対卒業しよう。母が立つことができなくなってしまった慶應大学の卒業式に、私が母を連れて行ってあげよう！

●自分に課した決まり事

慶應通信の在学期限は12年。私に残された期限はあと3年。

柔道女子金メダリストのヤワラちゃんの言葉を文字り、「最高でも卒業、最低でも卒業」と決め、いくつかの決め事を自分に課した。

★この先、レポートや試験のいかなる不合格にも「落ち込まない」ことにする

★不合格レポートの講評欄に書かれた教授の言葉をしっかり読んで再レポートに反映させる

★インターネットで、慶應通信生のやっているブログなどを片っ端から読み、参考にする

★科目試験はヤマをかけずに、テキストを丸暗記して臨む

4年間止まっていた私の慶應通信の時計の針が、また動き出したのを感じた。優子！　行け！　走れ！　陽はまだ沈まない！

私はもう、前しか向かなかった。

第4章

慶應通信、なんとしても卒業してみせる!

1　オトナの「スキマ時間」を探せ（勉強法1）

●自分の生活パターンを知ろう

私はまず、「自分を再び知る」ことから始めた。社会人ともなれば、少なくとも20年以上は自分の心身と付き合って来ている。しかし、今回改めて自分の生活習慣に向き合ったお陰で、知っているようで分析しきれていなかった自分が見えてきた。

●深夜0時以降まで起きていると風邪をひきやすい

●電車に乗っているときはテキストを読んでも頭に入らない

●家で勉強がはかどらない（!）

●休みの日に勉強がはかどらない（!!）

勉強がはかどらないとすべてストレスに変わり、家族に当たり、そしてストレスのせいで太った。こんな感じで、自分が何故今まで勉強がはかどらなかったかが、徐々にわかってきた。自分が勉強しにくい（気持ちが乗らない）時間帯に自分の勉強時間があると信じて、結局その時間帯に思ったように勉強が遂行できずに玉砕していたのだ。

そこで、次のように変更した。

◎電車の中はメールの処理をしたり、ネットの慶應通信生ブログなどを読む時間に変更

◎家ではテキスト勉強以外の慶應通信関係（今後の計画やリスケ等）のことをする
◎勉強は根を詰めてやらず、夜中の0時には寝るようにする
この〝マイルール〟をつくってから、ストレスはグッと減った。

人によっては、活動そのものが夜型だったり、休日に勉強がはかどる人もいるかもしれない。子供がいる家庭でも、乳幼児がいる家庭と高校生がいる家庭では生活リズムが違うだろう。

つまりは、自分の生活・性格パターンの「変えられない部分」と「改善できる部分」を見極めるのが大切だ。

●10分で「1ブロック」の勉強時間

では、私の勉強時間は一体どこにあるのだろうか？

学生時代は、放課後から夜寝るまでがガッツリ自分の時間だった。そこにまとまった勉強時間もとれたし、中間・期末試験前は、親が勉強時間を確保できるように配慮してくれていた。

しかし大人になれば、その時間帯は残業で会社にいるかもしれないし、家事や育児に追われているかもしれない。

ある日私は、とある通信大学生のブログに書いてあった、「今日は忙しくて10分しか勉強できなかった。でも1日10分でも勉強できたらよしとしよう」という言葉にヒントを得た。

大人の勉強時間は「10分で1ブロック」になって日常に存在しているのではないかと。

今まで、「10分」の時間は勉強するに値しないと思って来た。「10分なんて勉強した気にならない」とか「10分なんてテキストを用意してノートを開いたりしていたらすぐ終わる」とか、色々難癖をつけていた。

しかし大人になってからの「まとまった勉強時間」などというものは、「オトナ砂漠に浮かぶ蜃気楼」のようなものなのだ。

かくして「10分で1ブロック」のスキマ時間を見つけようと1日をチェックしてみると、それはいろんな所に潜んでいた。

会社員なら、少し早めに会社付近に着くようにして、近くのカフェで10分朝活（就業前に勉強や趣味のことをして自分を高める活動のこと）することもできる。昼休みも10分ぐらいだったら、勉強時間にあてられるかもしれない。帰宅前にもちょっとカフェや図書館で10分、付き合いの飲み会に行く待ち合わせまでの時間に10分…。

家事や育児で目まぐるしく不規則な生活をしていても、たとえば洗濯機が回っている間の10分、子供が昼寝をしている間の10分、煮物が完成するまで鍋の隣で10分、探せばどうにか「出てくる」ものだ。

10分勉強は、意外と集中することもできるので集中力も鍛えられていった。更に嬉しかったのは、10分が確保できると、20分、更には30分と、まとまって時間が確保できるようになって来たのだ。

このやり方に気づいてから、平日の10分のスキマ時間を見つけることが、楽しみの1つになった。

私は出勤日に、コンスタントにテキストを読み進められるようになっていった。

毎日慶應通信のテキストに対峙していると、学術的な文章に慣れてくるものなのか、入学当時よりも内容が脳に染み込むようになった。脳の防水加工がようやく剥がれて来たのだ。そして文章が理解できてくると、慶應通信の勉強を「面白い！」と感じるようになった。

2　15科目同時にレポートに着手する方法（勉強法2）

●15科目のレポート準備を同時進行する

私には在学期限まであと3年しか残されていない。なのでこれから挑戦するレポートや科目試験は、ほぼ1発で「合格」をとらなければ、自分の首を更に絞めてしまうことになるだろう。

今までは、1科目のレポートに手をつけるまで、

①テキストを一読する
②レポート課題を読む
③図書館に参考文献を探しに行く
④借りてきた参考文献を読む
⑤レポートを書く

の順番でこなし、これが全部終われば次のテキストに着手した。しかし、このやり方では時間の使い方がもったいない。

考えた挙句、思い切って15科目ぐらい一気に着手することにした。次のような手順だ。

①その年に取りたい科目を一気に選ぶ
②選んだ全科目の「レポート課題」と「必読参考資料」を全部抜き出し手帳に書く

③その「参考資料」が借りられるものなのか購入するものなのか調べる。購入が必要なら書店に在庫があるかの有無（なかったら注文対象）、図書館で借りるのであれば図書館のＨＰで資料検索をかけておく（私は慶應のメディアセンター以外に、田町の図書館、地元の図書館、川崎の図書館、などで在庫を確かめていました）。確認したら、その情報も手帳に記入する

④レポート課題を全部読みながら、この課題にはどんなテーマで書き、それにはどんな資料を読めばよいかざっくり想像してみる

この作業をしておくと、別件のレポート書きで図書館に行ったときに、いずれ手に付けるジャンルの本棚に「寄り道」ができる。そこのジャンルの背表紙をあらかじめ眺めておくだけでもその図書館の品揃えがわかる。

気になった本があれば、手帳に図書館名と本の名前、著者名や本の番号等を記入しておく。

こうやって、レポート課題に向けて15科目同時に、ランダムに少しずつ準備を始めると、いざその科目に着手するときには、どこの図書館に何の資料を借りに行けばいいのかという情報が、自分の手帳にすでに蓄積されているというわけだ。

また、手帳に書き込むときに、そこに書いておいた「レポート課題」もたびたび目に触れることになるので、漠然とレポートの構成なども脳内で始められるのも利点だ。

一方で、慶應通信のテキストや参考文献を読んで内容を難しく感じたときは、インターネットで同じ項目がやさしく解説されていたものや、まんがや子供向けに解説されている本から読んでみた。

まさに「急がば回れ」だ。易しいテキストでおおまかに理解・把握してから慶應通信のテキストに戻ると、各段と理解し易くなった。

●わからなければ、わかるように工夫する

そんな風に勉強を進めていたある日、私の脳裏にふとよみがえったのは、福澤諭吉先生の自伝『福翁自伝』だった。慶應義塾大学から入学記念に贈られたあの本だ。

「そういえば福澤先生も人生で難題が押し寄せたときは、仮説を立て検証し、うまくいかなければ工夫して、それでもわからなければ人に尋ね歩き…、何よりも〝行動〟していらしたなぁ」

慶應通信のテキストやスクーリングでの学びから知識や学力をつけるのは当たり前だが、慶應通信はもっと大きなものを私に教えよう（気づかせよう）としてくれていた。

「テキストの課題に取り組むことにより、人生に降りかかる問題の解き方を教えてくれている！」

「いかにも。人生で壁にぶち当たったときに、『難しい』『自分には無理だ』と断念するのではなく、解決の仕方を工夫したり、やさしい事例から試してみたり、人に聞いてみたり（インターネットで調べるのもある意味人に聞いているようなものだ）、行動したりしてみなさい。我々はそういう工夫や行動を実生活でしていけるように、学問を通して教えているのだよ」

福澤先生にそう言われているような気がした。

不平不満ばかり言っていた私が、徐々に慶應通信の学習スタイルに感謝するようになっていた。

3　テキスト1冊丸暗記する方法（勉強法3）

●テキストの目次をフル活用せよ

今まで何年も、ヤマをかけるのが不得意なくせに、試験勉強時間が足りなくなってヤマかけをして、試験当日ヤマを外しまくっていた私。確実に1発で合格にするには、テキストを丸ごと1冊暗記して試験に臨むことが一番安全だ。

それまで私は、テキストを1周読んでから、大学ノートに項目ごとに纏めるという、高校までしていたノートのつくり方を疑問も持たずに踏襲していた。しかし、つい気合が入りすぎると、大学ノートは1科目2冊ぐらいになってしまった。その2冊を丸まる覚えるのがまた一苦労だった。試験当日も、ノートの何ページ目に書いてあったか思い出せなくて玉砕したりした。

そこで思い切って、「試験対策ノート」をつくることをやめた。その代わりに、A3用紙を3枚ぐらい使って、そこの片面に「もくじを〝再現する〟」暗記法に切り替えた。

この暗記法は、特に語句説明タイプの試験で活用できたやり方だ。試験には目次ページの大見出し、または小見出しに書かれている名称がそのまま問題になっていることが多い。例えば、「○○○○について説明せよ」とか、「○○○○について論ぜよ」等。

そこで、白い紙を用意して、まずは「もくじの大見出し」をテキストを見ないで、全部再現でき

るかやってみた。完璧に再現できるまで、何度も繰り返す。

それができたら、大見出しの下に「小見出し」も全部再現できるかどうかやってみる。小見出しも完璧に再現できたら、最後にその小見出しの横に各項目2行ぐらいで「要点」をまとめる。
①何も見ないで大見出しを再現（完璧に①を全部再現できるまで②以降には進まない）
←
②何も見ないで小見出しを再現（完璧に①②を全部再現できるまで③以降には進まない）
←
③小見出しの横に、その小見出しの要点を2行程度にまとめる
←
④白い紙に、①②③が何も見ないで再現できるまで何回も何回も繰り返す
これがスラスラ再現できるようになれば、テキストを1冊丸まる覚えられていることになる。

次に大切なのは、この暗記を何日前からやれば自分の脳に入るのかを逆算して正確に割り出すことだ。

私は、「毎日仕事後に机に向かったと仮定して、きっちり30日間」必要だった。その30日の中に風邪をひいたり、外せない接待が発生したとき用にプラス数日多めに見ておくのもいい。

日数は個人差があると思うので、しっかり自分の性格と行動パターンを分析していってほしい。

〔図１　私の実際の「目次再現」シート〕

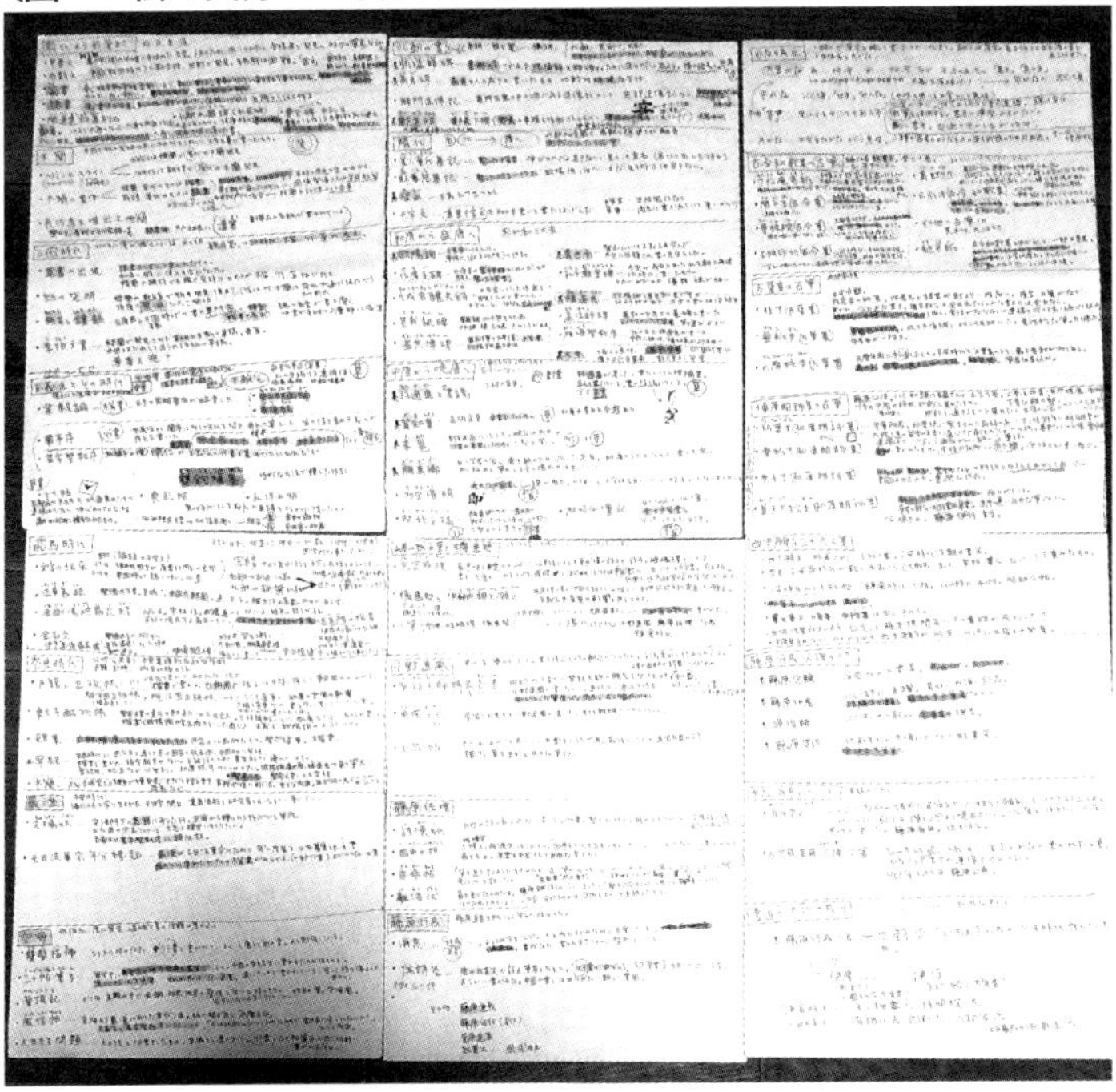

4　救世主は私の隣の席にいた

●とにかくやってみる

人生には、どう動いたらよいのかわからないときがある。わからないから何もやらないというよりは、間違ってもよいから動いてみるほうがよい。開くかどうかわからない扉であっても、ダメもとでいいからノックをしたり、扉の周りをうろうろするほうがよい。

たまたま扉の向こうに人がいるかもしれないし、その扉は近くに来たものを感知して開く自動ドアかもしれない。

そして、人が腹を決めて一歩を踏み出すと、それをどこかで誰かが見ていてくれて、その人の次の一歩に必要な出会いを用意しておいてくれたりするものだ。その〝どこかの誰か〟のことを、ある人は「神様」と呼んだり、またある人は「偶然」と呼んだりするのかもしれない。

その夏、私は数年ぶりの夏期スクーリングで日吉キャンパスに来ていた。スクーリングの最低受講単位はクリアしていたが、あと数単位受講可能だったからだ。

私がそのとき受講した『社会学特殊』という科目は「三学部共通科目」という、経済学部・法学部・文学部の仕切りを取り払い、どの学部の学生も受けていい科目だった。

更に、「ライフヒストリー」を通してその集団やその時代を研究するという、私が知らなかった

手法の研究の仕方をそこで学んだ。これは後々卒論を執筆する上での、とても大きなヒントをくれた研究方法なのだが、それは別の章でお話しすることにしよう。

●顔が広い隣の席の女性

私は、そのスクーリングでも友人は皆無。チャイムが鳴ったらすぐトイレに出られるように、入り口に近い2人がけの席の1つに腰を下ろした。

しばらくすると、私より一回りぐらい年上の女性が、私の隣に座った。女性は慶應通信内で顔が広いらしく、老若男女何人もの学友が彼女の元に挨拶に現れた。

彼女は学友が去ると…、なぜかニコニコしながら私のほうを見ているではないか。学友が来ると、彼らと話し始めるのだが、それが終わるとまたニコニコしながらこちらを見ている（気がする）。

こういうとき積極的になれない自分の性格を恨んでいると、彼女のほうから声をかけてきた。

「（スクーリングは）初めてなんですか？」

初めてどころか、こう見えて慶應通信歴だけは長いんですのよ～オホホホ♪と内心自虐でいっぱいだったが、その言葉の代わりに私は、先ほど見た羨ましい光景の感想を述べた。

「お知り合い、いっぱいいらっしゃるんですね」

彼女は、ニコっと笑って答えた。

「みんな、慶友会の仲間なの」

「慶友会ですか。私は慶友会には入っていないから…」

ほどなくして教授が入っていらしたので私達の会話は中断されたが、その方は、おもむろにルーズリーフを取り出し、何やら真剣に書き始めた。そして彼女がスッとそのルーズリーフを私の方に滑らせて来た。

私達は◎◎慶友会に入っています。毎月1回日曜日に、勉強会や情報交換会、懇親会を開いています。よかったら遊びにいらしてくださいね。皆で勉強すると楽しいですよ！　ひまわりより

文面の最後に彼女のメアドと名前が書いてあった。「ひまわり」というのはもちろん私が心の中でつけた彼女のニックネームだ。いつもニコニコしていて、彼女の周りに皆が寄ってきて、夏に咲く大輪の向日葵みたいな人だったからだ。

●スクーリングで日に日に知り合いが増えていく

次の休み時間から、ひまわりさんは、自分の慶友会の仲間に新しくできた学友（私）のことを紹介し始めた。

「この人は石川さん。鶴見さんと同じ文学部1類よ。彼、そろそろ卒論に取りかかるの」

「石川さんはじめまして。卒論指導、私はこの秋から始まるんです」

「鶴見さんはじめまして！　自分はこの授業の先生に、卒論の指導教授になっていただきたくて受講しています！　よろしくお願いいたします」

「そしてこの人は今井さん。慶應通信は経済学部と法学部を既に卒業されていて、今回の文学部は三学部目なの。卒業経験があるから色々聞いてみるといいですよ！」

「今井でーす。僕、現在山岳部（三学部）でーす。山岳部は冗談でーす（笑）。あ、鶴見さんにいいもの見せてあげる！」

そう言いながら今井さんはげんこつをつくった右手の中に左手で赤いハンカチを押し込み、次の瞬間そのハンカチを「しゅうまい」に変えた。慶應通信の夏期スクーリングで、前の席に座っている見知らぬおじさんが突然、手品を見せてくれるという不思議…（笑）。

「あ！　しゅうまいのグリンピースが床に転がって行く！　大変大変〜（笑）」

その次の日から、ひまわりさんや今井さんは、慶友会の仲間にどんどん会わせてくれた。

そして昼休みは私も、その慶友会の皆と一緒に学食で食べた。凝り固まった孤独の心が溶けていくような、あの感激は今でも忘れられない。いつか私も、たった1人でスクーリングに参加している人を見かけたら、皆で一緒に食べられるように誘ってあげたいと思った。

「皆さーん、こちらが私達の慶友会に興味を持ってくれた鶴見さんですよ♪」

「はじめまして。慶友会の方と喋るの初めてで、緊張しています（笑）」

次の日

「皆さーん、こちらが私達の慶友会に入るかもしれない鶴見さんです♪」

「あ、まだ入るかどうかまではちょっと…（笑）」

更に次の日
「皆さーん、この人が私達の慶友会に入る予定の鶴見さんです♪」

「（微妙に言い回しが進化しとるがな！）」

最終日
「鶴見さん、今夜の私達の慶友会の打ち上げは参加する？」

「はい！　もちろん参加します！」（↑単純）

●慶友会の懇親会で

その日ヒヨウラ（日吉キャンパスと反対側）の安い居酒屋で行われた慶友会の打ち上げは、スクーリングの授業と試験のすべてが終了したこともあり、皆ハイテンションだった。隣のテーブルには関西の慶友会グループがいて、時々一緒に盛り上がったり、「ウェーイ♪」と乾杯し合ったりした。

慶友会の方々の年齢は、上は会社の定年を迎えたぐらいの方、下は20代と様々だ。

ひまわりさんや今井さんとは席が離れてしまったが、隣に座る久保田さんというおじ様に質問された。

「あなたは慶應通信何年目なんですか？」

10年目と答えると、びっくりしたおじ様は、まるで期末試験３日前なのにたいして勉強していない我が娘に小言を言うように私に言った。

「なんでそんなに勉強して来なかったのですか！　ここにいる皆はまだ数年目ですが、着々と単位をとっていますよ」

返す言い訳が何も思いつかなかった。その通りだ。バツが悪くて一瞬会話が途切れたのだが、思い切って私の女子大時代の話をした。私が慶應通信に入るきっかけとなった遠い過去の話を。

「その女子大…、うちの娘と同じ大学です！」

おじ様は私とご自身のお嬢様をダブらせたのか、このどうしようもなく単位修得が進んでいない私をどうにかしなきゃと思われたのだろう。先ほどとは一変して、今度は優しい父親のように慶應通信の学習の進め方のコツを話してくださった。こんなところで、卒業した女子大が私を助けてくれた。私は一言も聞き漏らすまいと一生懸命聞いた。

遠くの席でひまわりさんが笑いこけ、別の席では今井さんが手品をやって、皆を笑わせていた。

明日から仕事に復帰する社会人もいる。今夜の夜行バスで地元に帰る人もいる。６日間のあっという間の〝通学の〟大学生生活。この忙しくとも夢のような「学びの祭り」が終われば、皆はまたオトナの日常に戻っていくのだ。

ここに集う皆は仕事も年齢も違うが、慶應通信で卒業に向かって学び進んでいるという志は同じ。私はこの慶友会に入ることにした。

5　幕末の勉強スタイルを垣間見た「慶友会」

●慶應通信の慶友会

「慶友会」とは、慶應義塾が公認している慶應通信の学生で構成される学生団体で、活動内容は主に慶應通信に関する勉強会や情報交換である。

慶友会との初の接点は、入学式の日に遡る。入学式の日に「一緒に勉強しませんか！」と目を輝かせて勧誘していたいくつもの団体、それが慶友会だった。

あの日、私は彼らと自分の、学問に向き合う姿勢の温度差を感じて怖気づき、どこにも入会しなかった。そんな私が入学式から9年の時を経て、慶友会の扉の前に立っていた。正確に言えば、月イチで開かれる慶友会の会合の行われるビルの1階に立っていた。

●慶友会の定例会に参加する

ひまわりさん達が所属する慶友会の定例会の流れは、まず各学部に分かれて勉強会、その後、全学部が一堂に会し情報共有が行われる。定例会が終わると希望者で懇親会とのことだった。せっかくなので全部参加してみることにした。

大会議室の入り口でキョロキョロしていると、夏期スクーリングで同じ授業をとっていた石川さんが、こっちこっちと、ジェスチャーで手招きしてくれた。

「今は分科会が始まっているので、ほとんどの人はそれぞれの学部の部屋に分かれています。この大会議室に残っているのは『3分野科目』の勉強会メンバーです」

3分野科目とは、いわゆる大学1・2年次に履修する「一般教養科目」のことで、普通課程と特別課程で入学した学生が初めの頃に受講する科目のことだ。

石川さんに「慶友会の会員証」を作成してもらっている間、あらためて室内を見渡すと、20人ぐらいの大人がホワイトボードを前にして座り、3分野科目のとあるテキストの講義をしている先生の話を、一生懸命聞いていた。

しかしよく見たらその先生は、大学の教授ではなさそうだ。

「あの人はすでにあの科目の単位を取り終わっているので、〝先生役〟になり、テキスト内容をわかりやすく解説しているのです。慶應通信に入りたての人は特に、どういう風に勉強を始めたらいいのかわからない方が多いですから」

石川さんが、会員証をパスケースに差し込みながら教えてくれた。

3分野科目勉強会コーナーの横に、「英語」と書かれたコーナーもあったが、その日はたまたま英語を受講する生徒はいなかったらしい。英語担当の先生役の人が暇を持て余していた。

一方で大会議室の後方には、別の人だかりができていた。

石川さんがすかさず説明してくれる。

「あそこのコーナーは、「卒論」に関する情報交換をしています。担当してくださる方は、慶應通信を5学科卒業されていて、現在6学科目に在学中（２０１０年当時）なのです。どの学部のどの専攻の卒論にもお詳しいから頼りになります！」

私は思わず聞き返した。

「6学科目ですか⁉」

「この慶友会は、すでに慶應通信を1学部卒業されて、２周目（2学部目）、３周目（3学部目）という方も多いのです。自分もそんな先輩方を見て大変刺激になっています」

慶友会メンバーの、向学心の凄さにただただ圧倒された。

●慶友会の中に受け継がれる「半学半教」

今まで「教える立場」とは、学生時代の塾講師や家庭教師のアルバイトを抜かすと、学生の身分を修了した人が就くものだと思っていた。

しかし、慶友会のそれは違う。ある科目のときは先生役をやったかと思うと、別の科目では生徒側に回る。卒論の書き方の助言をするのも、学生同士だ。

年齢が上だから先生役、というわけでもない。その科目を先に学んだものが文字通り「先生」だ。定年を過ぎたであろうぐらいの方が、自分の息子ぐらいの年齢の「先生役」の人に必死に質問している姿は、ちょっとしたカルチャーショックだった。

この「自分が先に学んだものを、まだ学んでいない仲間に教える」という仕組みをどこかで見たような気がした。

それは、福澤諭吉先生が若い頃に学んでいた、緒方洪庵先生の開いた「適塾」での学びの風景だった。福澤諭吉先生の自伝『福翁自伝』に書いてあったエピソードを思い出したのだ。

慶應ではこの「半学半教」の精神を教育理念に掲げているが、慶友会ではそれがリアルで行われていたのだ。

そもそも、福澤諭吉先生の生きた江戸時代は、気軽に高等教育を学べたわけでもなく、どうしても学問がしたいと志を掲げた者だけが私塾の門を叩いた。前述の『福翁自伝』によると、福澤諭吉先生自身も実兄の死後、兄の病気にかかったお金や諸費用の借金を払うために家の家財を残らず売り払い、母と幼い姪のたった2人を中津に残して大坂の適塾に向かったそうだ。福澤先生の時代に「学問をする」とは、そのぐらいの人生をかけた覚悟と決意が必要だった。

現代はそこまで大変な想いはしないものの、通信大学生は似たような要素を持っている。仕事や家事や育児に専念すればいいものを、そこを敢えて「学ぼう」と志すのだ。志した理由は様々だが、学ぶことで何かが善くなり何かが変わると信じて。

「また、わからないことは聞いてくださいね」

「慶友会、早く入ればよかったです（笑）」

しかし、今からでも遅くはない。この慶友会で、皆と切磋琢磨しながら学んでいこう。

●慶友会で歌の練習

全体会の時間になり、他の会議室から続々と学友達が大会議室に集まって来た。慶友会の各分科会の連絡が伝えられ、更に一同起立して、皆で♪若き血　と　♪慶應義塾塾歌の歌の練習もした。

入学10年目にして初めて歌うカレッジソングは、ちょっと気恥ずかしかった。慶早戦（慶應内では早慶戦ではなくこう呼びます）などで歌われる　♪若き血　はメロディを覚えていたが、♪慶應義塾塾歌　のほうは全くと言っていいほど知らなかった。

手品おじさんこと今井さんが、皆でカレッジソングの練習をしている意味について教えてくれた。今井さんは慶應通信を過去に2学部卒業しているが、1回目の慶應通信のときは慶友会に入らず、仕事の傍ら黙々と勉強し、単位を積み上げ卒業に至ったそうだ。

今井さんは、「勉強以外の慶應の日々」を経験してこなかったことに後悔の念を感じ、慶應通信の他の学部に再入学したという。今度こそは「慶應生として学生生活をしよう」と。

慶友会で学友をつくり、勉強以外の話も沢山して、慶早戦や三田祭にも参加した。慶友会の会員皆にカレッジソングを練習させることを提案したのは今井さんだったそうだ。卒業式の日に、大きな声で堂々と、この歌を皆で歌えるようにする為だ。

このときの私は、「卒業式で自分が歌っている場面」を思い描くことができなかった。

しかし、慶應通信を2回も卒業した大先輩がそう言うのだ。その言葉を信じてみようと思った。

慶應通信では…
田中です。通信1年目なのでいろいろ教えてくださいね
どーぞどーぞ
新入生→
大先輩
仕事では…
田中です。改めてよろしくお願いします
こっこちらこそ
会社のエラい人→
平社員
yukoo
※実話です

6　共に学ぶ仲間がいるということ

●仲間の失敗談義に勇気をもらう

慶應通信に入学した当初、「慶應通信の友達」は何人かほしいと思ったが、友達と一緒に勉強したいとまでは思わなかった。それは、友達と一緒に勉強しようとすると、勉強以外の話に夢中になり、結局たいして勉強が進まなかったという小・中・高時代の痛い思い出があるからだ。

しかし、今は違う。共に卒業に向かって頑張っている人の存在をリアルに感じ、勉強に関する情報交換ができるということがどんなに活力が沸くものなのかを、身に染みて実感していた。

こんな気持ちになるのなら、入学してすぐ入ればよかったとも思った。しかし、当時はまだ自分の慶應通信への向き合い方が弱かったから、慶友会への関わり方も今とは変わったものになっていたであろう。その人の心が準備されたときに、新たなステージはやってくるのだ。

慶友会に入って何十人もの学友と話すにつれ、色々なことが見えてきた。

まず、レポートや科目試験は多くの人が「不合格」の経験があるということ。再提出だけでは止まらず、再再提出や再再再提出、更には再再再再再再レポートの束がホッチキスで止まらなくなり、パンチで穴をあけヒモを通したり、しまいには封筒にも入りきらなくなり「小包扱い」で郵送したという武勇伝（？）も聞いた。

科目試験では、歴史の試験が全くわからなくて、苦し紛れに答案用紙の上で「オリジナルの歴史をつくってしまった」とか、また別の科目では、出題された問題が全問わからなくて白紙で提出したとか、叩けば出てくる埃のように、次から次へと「失敗エピソード」が出てきた。

初めは不合格の１つに、うじうじと落ち込んだであろう皆も、いつしか打たれ強くなって立ち直りが早くなって、それらをネタにして、笑い飛ばせるまでになった。そして学友達の「不合格＆失敗談義」は仲間に笑いと勇気を与えた。

慶友会の皆のエピソードを聞くうちに、自分の不合格レポートにも、少しばかり心に余裕を持って眺められるようになってきた。

よく見てみると、初回の不合格レポートよりも、３回目に提出でＡ（合格）をもらったレポートのほうが、格段によくなっていることが自分でもわかった。初回の陳腐なレポートでギリギリ合格しなくてよかったと素直に思えた。それは、レポート上での自分の成長を実感したからだ。

慶應の教授陣はレポートを不合格で突き返しながら、その人の考察力が成長できるまで根気よく導き、伴走してくれているのだ。

●レポート課題の前では皆平等

世の中には、依怙贔屓や理不尽なことが沢山ある。それはどうしようもない、仕方のないことなのだと、見て見ぬふりをしたり諦めることに、大人の私はいつしか慣れて来ていた。

しかし、慶應のレポートや試験は、その課題（試験問題）の前において皆平等だ。社長で偉いから、忙しいビジネスマンや主婦に免じて、美人&美男子だから、高齢だから年の功で、海外に住んでいて三田キャンパスになかなか来れないから、等において合格、なんてことは一切ない。

その課題（試験問題）の解答が「慶應が求める水準」に達するかしないかだけなのだ。私はいつしか、この、課題（試験問題）の前における平等を、いたく気に入るようになった。そして、慶應の教授陣の愛の鞭に感謝をするようになっていった。

●挫けそうになったときは『赤本』を眺める

こんな感じで、慶應通信の学習を再開してからはブルドーザーか戦車なみにひたすら突き進んでいたが、そうはいっても時には挫けそうになることもあった。もしかしたら卒業までたどり着かないんじゃないか、という気持ちにしばしば襲われた。

そんなとき、私は書店に行き、大学受験コーナーで慶應義塾大学の入試過去問題集『赤本』を眺めた。

当たり前だがそれらの問題は立ち読みで簡単に解けるレベルではない。そこでこう自問する。

「今から頑張ってこれを解いて慶應の通学課程に〝入学する〟のがよいか。それとも今から慶應通信の勉強を頑張って、〝卒業する〟のがよいか」

その問いへの自分の答えは決まっている。折れそうになった気を引き締め直し、書店を後にした。

第5章

最後の大きな山
卒業論文

1　生涯の恩師との出会い

●教育学で卒論を書くぞ！

卒業論文、それは大学生にとっての〝ラスボス的存在〟だ。慶應通信に入学して10年目、いよいよ私はラスボスと闘う一歩手前にまで来ていた。

慶應通信で、卒業までにとらなければいけない単位は124単位だ。その中の8単位は卒業論文にあたり、これは全員必修科目だ。

慶應通信の学生は、大学が求める一定の単位を満たした後、「卒業論文指導登録」という手続を行わなければいけない。

私が在籍している文学部第1類に関して言えば、哲学、美学、社会学、心理学、教育学など様々な科目で卒論のテーマを選べる。もちろん在学中は卒論のテーマに関する専門科目を中心に履修しておく必要がある。

慶應通信の入学当初は女子大時代でも専攻していた「美学美術史学」で、フランスのアール・ヌーボー時代の商業芸術に関するテーマで、卒論を書こうと思っていた。

しかし勤めている会社が進学塾だったということもあり、新しい自分の可能性を開くために、「教育学」で卒論を書くことに決めた。もちろん、これで一件落着というわけではなく、やっと卒論のドアの前に立ったというだけだ。

●卒論指導教員が決まる

卒論の学問分野が決まれば、次は「指導教員」だ。「卒業論文指導登録」と共に、「卒業論文指導調査票」というものも提出するのだが、そこに書かれたテーマを元に、通信教育部学習指導室の方が、指導教員を選んでくれる。

「どんな先生が指導教員になってくださるのかしら…」

しばらくして、指導教員決定の通知が来た。

指導教員　文学部　松浦良充教授

私はその指導教員のフルネームをずっと眺めていた。

「この先生は…厳しいのかしら」

卒論指導にあたり、担当教員が厳しいかどうかはあまり関係ない、というか厳しく鍛えていただけるからよいのだが、不安で仕方がなかった私は、ホームページにあった松浦教授の研究室を覗いてみることにした。

そのホームページ内には、昼間の慶應生達の＜ゼミの思い出のページ＞という画像コーナーもある。

私は『家政婦は見た』の市原悦子の気分でゼミ合宿画像をこっそり覗いてみた。20代の学生達が満面の笑みを浮かべて写っていた。

いかにもこの合宿が楽しくて仕方がないといった表情だ。その真ん中で、1人の教授が穏やかに笑っている。この方が松浦教授なのか。

私は次々と、歴代のゼミ画像を見て行った。どの画像も、教授を囲んで皆が楽しそうだった。

「あ！」

1枚の画像の前で、マウスを握った手が止まった。教授の横に見覚えのある顔を見つけたからだ。

「拓馬くんだ！」

●ゼミの先輩は会社の後輩

拓馬くんというのは、同じ会社の入社数年目の後輩だ。彼も松浦ゼミの学生だったとは！

仕事とは全く関係ない案件で申し訳ないが、いてもたってもいられずに拓馬くんにメールした。

拓馬くんは、突然メールしてきた本社の先輩社員が何故自分のゼミの教授の名前を知っているのかビックリしていたが、事情を話すと喜んで、かつての恩師のことを話してくれた。

「松浦先生は、時間を守るということに厳しいお方です。学問と同時に礼節を教えてくださいました。そういう意味では厳しい先生に映るかもしれませんが、僕は先生のお人柄を尊敬して、先生のゼミに入ったのです。先生には卒業してからなかなか会えませんが、これから松浦先生に指導していただける鶴見さんが羨ましいです！」

ひょんなことから、普段なかなか話す機会のない会社の後輩社員に〝ゼミの先輩として〟助けられた。松浦教授に会う卒業論文初回指導の日が、俄然楽しみになった。

●慶友会学友の必殺アドバイス

「卒業論文初回指導日が決まった～♪うふふ」

私は、卒論指導日が決まったというだけでかなり浮かれていて、実際の卒論は1文字も書き始めていないのに、かなり前進した気分になっていた。

卒論を提出するまで、最低3回卒論指導出席が必要だが、初回では、指導教授の前で自分の卒論テーマの方向性を話し、そのテーマが学士論文に適切かどうか判断していただく。オーケーが出たら2回目の卒論指導までに「章立て（目次）」をつくるらしい。準備不足と判断されれば、今回は「予備指導」に変わり、次回が「初回指導」となる。

これは、所属している慶友会で得た知識だった。

「だめだめ！　それじゃ遅すぎる！　鶴見さんは切羽詰まっているのよ！」

慶友会の先輩ひまわりさんに、あっさり却下された。

「他の人はいいの、在学年数もまだあるから。でも鶴見さんは在学期限が切羽詰まっているでしょう？　初回指導で『章立て（目次）』案もつくって持って行って！　もちろん直される場合もあるけど、卒論に向き合う熱意は先生に伝えられるはずだから。初回指導まで、まだ1週間もあるから頑張ってつくって！」

耳が痛い。「在学期限が切羽詰まっている」の言葉が短剣になってグサグサ刺さり、私はおもちゃの黒ひげ危機一髪みたいに、樽からもう少しで飛び出しそうだった。

しかし、ひまわりさんの言う通りだ。慶應通信の卒論指導は半年に1度しかない。最低3回は卒論指導を受けないといけないのに、私の在学期限はあと2年。つまり最高4回の指導で終了させないといけない。

卒論指導までの1週間、仕事以外の時間をすべて「章立て（目次）」作成に注ぎ込んだ。

●卒論指導当日

卒論指導は、教授と1対1の「個別指導タイプ」と、グループで行う「ゼミ指導タイプ」があり、どちらになるかは教授によるのだが、松浦教授の場合は後者だった。

その日、卒論指導を受けるために松浦教授の研究室に現れたのは、私と同じぐらいの歳のデキる風の女性と、少し年上のデキる風の女性だった。

「ヤバいわ、どちらもデキる風の女性だわ」

まあ、別にオーディションでこの中から1人だけ落とされるわけではないからよいのだが…。

定刻になり、かの教授が穏やかにニコニコと微笑みながら部屋に入って来られた。私達の生涯の恩師、松浦良充教授との初めての対面だった。

初回指導は、これと言った問題もなく進んで行った。まずはゼミメンバーが1人ずつ、自分のやりたいテーマを、教授とゼミ仲間に説明していく。

論文を書いたことがない学生で陥りがちなのが、テーマが広大過ぎる場合があることだ。たとえば、「イギリスとフランスのすべての大学を比較したい。できればイタリアとスペインの大学も！」というような。もちろん研究してもよいのだが、学士の卒業論文で1年半ぐらいで結論を導き出すには時間が短すぎる。

そう言った場合は指導教員が、もう少しポイントを絞るようにアドバイスをくれる。逆に、テーマがピンポイント過ぎると、もう少しテーマを広げるように助言してくれる。

ゼミ形式のよいところは、自分以外のメンバーがどういうテーマに取り組もうとしていて、それに対して指導教員がどういう風にアドバイスしているかを聞けることだ。誰かが受けた指摘は、自分の論文にも言えることなのだ。

●誰のために卒論を書こうか

最後は私の番になった。慶友会の学友ひまわりさんからのアドバイスの通り、「章立て（目次）」案を皆に配りながら書きたいテーマについて説明した。

「私は、幕末に生まれ明治・大正を生きた女性教育者達がどのように高等教育を身につけて行ったのか知りたくて、このテーマにしました」

私の卒論のテーマ決定に至った理由を、ざっと説明するとこんな感じだ。

江戸時代までは、漢学や国学などの高等教育は男性が学ぶもので、女性は簡単な読み書きができる程度でよかった。むしろ女性がそれ以上の学問をすることは、世間に受け入れられない風潮があった。日本政府が小学校をつくったのは、明治時代になってから。そして女学校というものが日本に登場したのも明治時代に入ってからだ。

しかし、女学校の創設者の中には女性もいる。幕末に生まれた女性教育者の中には漢学を教えられる人もいれば、英語を教えられる人もいる。この女性教育者達は女学校もない時代に、いったいどこで、誰に、どんな風に学んだのだろう？　ぜひ調べてみたい！　と、こういうわけだ。

「それ、僕も知りたい（笑）」

松浦教授が素朴な感想を述べられた。

その一言で私の心も決まった。松浦教授にその〝実態〟を伝えるために論文を書こう！　と。

「鶴見さんは章立てができていますので、明日からもう書き始めていいですよ」

松浦教授から卒業論文執筆のゴーサインが出た。

「明日からですか!?（突然過ぎて心の準備ができていません！）」

卒論執筆ゴーサインは嬉しかったが、4万5000字と言われる慶應通信の卒論の栄えある一行目を、どのように書き始めればよいのか全くわからない。まるでスキー初心者がスキー場で、山頂でリフトを降りた途端、「さあ！　1人で自由に滑って」と言われたようなイメージだ。

卒論山の山頂で突然解放された私は思いっきり涙目だが、これも卒論執筆の通過儀礼なのだ。

2　ゼミ仲間は戦友

●松浦ゼミのメンバー

松浦良充教授の初回卒論指導で一緒になった女性２人と、指導後に連絡先を交換した。卒論指導が始まる前は2人とも「デキる風の女性」に見え、私はかなり気後れしていたのだが、話してみるとどちらも気さくな女性だった。

年上の小柄な女性の方は現在シンガポールに住んでいて、この卒論指導のために日本に一時帰国していた。もう1人の女性は、日本に住む2児のママだった。自虐的に2児のママが言った。

「私、すごい進みが遅くて…。もう慶應通信11年目なの（笑）」

「え!?　私も在学期限が切羽詰まっててもう10年目！」

「私、１９××年生まれなの」

「え!?　私も同じ！」

何という偶然！　それ以外にも、共通の高校時代の友人がいる等、いくつも共通点があった。バブル時代のトレンディドラマだと、この瞬間にテーマソングのイントロが流れ、ラブストーリーが突然に始まって行くのだと思うが、女同士だし特に何もなかった。

しかし、学友に飢えている慶應通信砂漠で、幾つもの共通点のある仲間に出会った嬉しさは格別

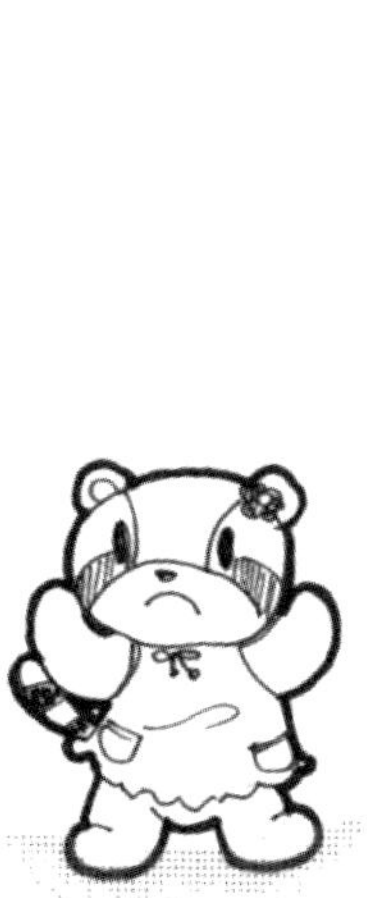

だった。

このあと、私よりいくつか年下の「デキる風の女性」が松浦ゼミに加わった。彼女は現在アメリカに住んでいるらしい。人懐っこい明るい女性だった。私達は4人で松浦教授の指導を受けながら、慶應卒業を目指すことになった。

私と同い歳の2児のママが、とある提案をしてきた。

「ねぇねぇ、せっかくだから私達で呼び合うニックネームつけない？　私は『カレン』にする♪」

カレンは次々に名前をつけていった。シンガポールに住む小柄な女性には「ロージー」、アメリカに住む明るい女性は「ミキティ」になった。

（なぜみんな外国の名前!?）

「鶴見さんは、『優子りん』ね♪」

（なぜ私だけ日本の名前!?）

●目指す卒業は同じ、悩みはバラバラ

4人で卒論進捗を軸にして、色々話し合えたことは私の慶應通信時代の財産になった。

まず、4人の抱えている慶應通信への悩みがバラバラなのだ。シンガポールとアメリカに住んでいるロージーとミキティは、海外にいながら慶應通信の勉強を続けるということが、越えなければいけない大きな壁だ。レポートの提出期限は地球のどこにいようとも同じなので、海外在住の学生

はその分だけ執筆期間がタイトだ。参考資料を取り寄せるにも時間がかかるし、そもそも日本の文献すら、現地でなかなか手に入らないだろう。

日本にいるからすべてがよいかと言うとそうでもない。2児の子育て真っ最中のカレンは、自分の勉強よりも子供の学校行事や家族行事を優先させなければいけないこともある。

かくいう私は、海外在住でも主婦でもない。しかし、正社員で会社に勤めている。残業もあるし、試験のある土日に休めるとも限らない。時間に融通がつきそうな主婦はいいなぁと漠然と思っていたが、ゼミの3人と出会ってから、表面だけで主婦業を判断していた自分を反省した。

仲間のそれぞれの背景にある大変さを知ることで、自分の環境の恵まれた部分を、謙虚に眺めることができるようになった。

●通信制大学生活は工夫のし合いっこ

大人になってからの通信大学生生活は、何らかの二足以上の草鞋を履いて学問に挑んでいる人がほとんどだ。履く草鞋が少なければ、卒業できる比率は高いのだろうと安易に想像する。

しかし、年齢・性別・職業・住居（慶應からの距離）・家族構成…、卒業する人はどの立ち位置にいても卒業している。自分が持っているベースの強みをどう活かし、弱みはどう工夫し補強するかで卒業にたどり着くのだ。通信大学生生活は「努力のし合いっこ」だと思っていたが、結局のところは「工夫のし合いっこ」だった。どうせなら、楽しく工夫しながら進みたいものだ。

3　卒論テーマは半径50ｍ以内に潜んでいた（思考法1）

●卒論のテーマを絞り込む

卒論テーマを絞り込むことには、かなりの時間を要した。

私が卒論に選んだ科目は教育学だったが、教育学と言っても卒論の切り口は色々ある。日本の教育なのかそれとも海外の教育を研究したいのか、現代の教育問題なのか教育史についてなのか、一般教養の教育なのか、技術分野での教育なのかによってもテーマがガラッと変わってくる。

私は毎日考えた。自分は「教育学の何に深く興味がある」のか全くわからなかった。自宅の狭い風呂に浸かりながら、心は教育学の大海で遭難しそうになっていた。

あるとき私は、自分の思考パターンに気がついた。テレビに出てくるご意見番が、現代が抱える問題に辛口で斬り込むような教育問題をテーマにしたほうが、「カッコイイのでは」と思っている自分に気づいたのだ。全くの見当違いだ。

私は誰に対してカッコをつけていたのか。カッコよくなくていいから、私の興味があるものはなんだろう？

そう思いながら会社に着くと、会社の先輩から社内便で1冊の本が届いていた。古川智映子さんという方が書いた『土佐堀川』という小説で、日本女子大学を創設した広岡浅子が主人公だった。

この後に、ＮＨＫの朝の連続ドラマ『あさが来た』で取り上げられた女性である。会社の先輩は私が伝記や創業物語が好きなことを知っているので、ことあるごとにそういう本を貸してくれていた。

●自分の好きなものを掘り下げる

「そうだ、私は現代教育より過去の日本の教育（教育史）について興味がある。どの時代が好きかというと、幕末・維新期の日本だわ。初等教育より高等教育に興味がある。そして、私は女性だから、女性がどうやって学んで行ったのか知りたい！」

自分の好きなものに目を向け始めると、卒論のテーマがどんどん具体化され焦点が絞られて来た。自伝や本人のインタビューを拾い、当時の女性の「ライフヒストリー」を集めたらどうだろうか。最終的に、明治時代に女学校を創設した４人の女性教育者の、子供時代の学習の実態を調べることにたどり着いたのも、私が進学塾で働いているというバックグラウンドがあったからだ。

卒論のテーマ選びは自分の手の届かないようなところから引っ張り出さなくてもよい。むしろ、自分の仕事に関わることや、生活圏内で疑問や興味を持ったことを、学術的視点で眺めて広げていくほうがオリジナリティに溢れ、自分も楽しいだろう。

はじめは鼻息荒く卒論テーマ探求の旅に出かけたが、気がつけばそれは自分の半径50ｍ以内にあった。探していた幸せの青い鳥は自分のすぐ傍にいたという童話よろしく、探していた卒論テーマも、意外と自分のすぐ傍にあるものだ。

4 「なぜ？」を3回繰り返せ（思考法2）

●自己の奥に潜む考えにたどり着け

私は慶應通信に入ってから数々のレポートで「考察力が足りない」という講評を教授達からいただいた。しかし、「考察力」と「一生懸命考えた感想」の区別がつかなかった当時の私は、引用資料の「感想」を書いては、その都度ダメ出しを喰らっていた。つまり私が書いていたのは「小論文」ではなく「必死に書いた感想文・意見文」だったのだ。

卒論を書く時期になって、考察するということがおぼろげながらわかって来た。物事を見たり聞いたりしてなんとなく感じたことの感想を述べるだけでは「考察が浅い」のだ。

そこで、「何故、君はそう考えたの？　感じたの？」と3回続けて突っ込まれることを想定しながら文章を綴ることにした。

たとえば、ベタな質問だが「あなたはなぜ慶應大学が好きなのか？」と誰かに聞かれるとする。

高校時代の私ならこう答える。

「有名だからです！　偏差値が高いからです！」

するとまた質問される。

「なぜ有名で偏差値が高いと好きになるのですか？」

２回目の質問が来ると想定していない当時の私は、この段階で脳がフリーズしてしまっていたと思う。なぜ私はその理由を言ったのだろう。もっと掘り下げるとそこには「自己の奥にひそむ別の理由」がある。

●質問する自分、答える自分

先程の質問を自分の中でもう少し対話させてみよう。「質問する自分」と「答える自分」の１人２役をするのだ。

「なぜ有名で偏差値が高いと好きになるのですか？」

「皆が知っている偏差値が高い大学に入ると周りが『すごい！』と言ってくれるからです」

「それなら『すごい！』と言ってくれたらどこでもいいのではないですか？　慶應じゃなくても、もっと言えば大学に入らなくても」

「それが…、福澤諭吉先生の著書を読むうちに福澤諭吉先生の考え方に感銘を受けまして、慶應大学に別の好きな理由を持つようになりました」

「入学後に資料を読んで研究したのですね。ではあなたは福澤諭吉先生の何に感銘したのですか？」

「それはまず第一に…」

こんな感じで、脳内の対話が進んで行くのだ。

資料や文献を読んで、一番最初の「ある意見」が浮かび上がって来たとしても、それで終わりではない。なぜそう思ったのか自問してみる（1回目）。それに答えるために別の資料を読んで考えを整理したり補強したりしながら、もっと深い考えが生まれてきたら、更にもう1度自問してみる（2回目）。1つの意見につきこれを3回ぐらい繰り返すと、一番初めに出た考えよりも、より深い考えになって来る。こういう脳内の対話が、論文を書くときに必要なのではないか。

この、「なぜ？」と疑問を持って立ち止まる習慣は、論文執筆以外のところでも効果を出し始めた。「なぜだろう」と思考を立ち止まらせ考えると、その「答え」が湧いて来るようになったのだ。私は以前よりも少しだけ、人生が生き易くなっていた。

●レポートの書き直しは教授からの愛

慶應通信の場合、レポートは1科目4０００字が平均的な文字数だ。そして卒業論文は約4万5０００字といわれている。

教授陣は4０００字のレポートの中で、あらゆる科目の論理的な書き方を学生に身に着けさせようと、徹底的に鍛えてくれた。レポートが不合格で返却される度に、いちいち落ち込んで不貞腐れて毒づいていた頃の自分が恥ずかしくなった。

レポートの徹底的な「不合格（書き直し）」は教授からの愛だ。あれがなければ私の考察力は成長しなかった。それに気づくのに10年もかかってしまった。そして卒業論文とは、何度も繰り返した4000字の小論文の集大成なのだ。

5　そう考える「根拠」を示せ（思考法3）

●その「根拠」はどこで調べた？

松浦教授には、論文が1章書きあがるごとにメールでやりとりをして、チェックしていただいた。真っ赤に「添削」された部分を見ながら改めて熟考するのだが、特に印象に残っている指摘の1つに「その根拠は？」というものがある。

例えば、「現代は、女性の高等教育機関（大学・大学院）への進学は増加していると言える」と書いたとする。するとすかさず松浦教授から「その根拠は？」とアカが入る。この指摘は、私にとって衝撃で新鮮だった。私達は世間話をするときなどは〝なんとなく〟の世界で生きているからだ。

「今ってさ～、世間では○○的なものが流行っているんでしょ～？」

「うん、よくわかんないけどそうみたいだねー」

というように、情報源の不確定さを問題視せずに会話は進んで行く。そこにいちいち「その根拠は？　ちゃんとその出どころは調べたの？」などと言っていたら、面倒くさい人になるだろう。

しかしこの確認は、学術論文では当たり前のことだ。自分がそう考えるに至った「根拠」があるわけだ。先ほどの例文に、「根拠」を加筆してみる。

「現代は女性の高等教育機関（大学・大学院）への進学は増加していると言える。たとえば、文部科学省の２０１０年度の『学校基本調査報告書（高等教育機関）』において、女子大学生の人数を見てみると、平成12年度では９９２，３１２人であったのに対し、平成22年度には１，１８５，５８０人となっている」

このように、論文作成の後半は常に「根拠探し」に時間を費やすことになった。分厚い報告書や資料の中から「根拠」に使えそうなデータや、1文を見つけたときは、まるで砂漠の中から金貨を見つけたように嬉しかった。そして私も同時に「根拠・理由」が相手に伝わるように話すことを心掛けたいと思うようになった。

●学問する女性は「お転婆」なの？

私が卒論で調べていたテーマは、幕末に生まれて明治・大正を生きた4人の女性教育者の子供の頃の「高等教育の獲得法」だった。

「女子は学問すると『お転婆』になるからいかん！」「女子は読み書きができる程度で十分だ！」と言われた時代に、どうやって高等教育を学んだのか。

「そもそも…なんで勉強する女子を『お転婆』という言葉で表現するの？」

そんな疑問を持ちながら、一方で私はこんなに毎日勉強して、論文まで書いている。私のことを江戸や明治時代の人が見たら、クイーン・オブ・お転婆に映るかもしれない。

6　ついに来た！　卒業試験

●卒業試験日が決まる

「最後に指摘した箇所を直したら、製本に入ってよいですよ」

松浦教授にそう言われたのは、３回目の卒論指導のときだった。三田キャンパス中庭の大銀杏は、黄緑の葉のあちらこちらを、ほんのりとレモン色に染め始めている。

「では卒業試験の日にちですが、お２人は〈２月１日〉でよいですね？」

私とカレンは、ハモりながら即答した。

「２月１日は『入試当日』なんです！（涙目）」

私は会社（進学塾）の仕事として全社員総出の入試業務、カレンはお子さんの入試日だった。

松浦教授の配慮で、試験日はその前日の１月31日に変更になった。ゼミメンバーのミキティは副査の先生が違うので、試験日は別日に設定された。

「３人とも、頑張って。応援してるからね！」

シンガポールに住むロージーは、事情があり卒業を半年遅らせることにしていた。社会人学生は仕事や家族のことでやむを得ない状況が起きると、時には学業を最優先にできないこともある。

しかし、日にちを交渉したり、卒業を延ばす英断をしながらも、ゴールに向かって進む手段はい

くらでもある。ロージーの卒業試験日には、皆で応援に駆け付けると約束した。

●卒論製本と、口頭試験の自主練

ここで、卒論の「製本」の話を少し。慶應通信の卒論はパソコンで作成する人が多いと思うが、もちろん原稿用紙に手書きで執筆し、表紙をつけて紐で綴じてもよい。また、文面はパソコンで作成し、出力した原稿を、文具店で売っている「製本キット」を利用し自分で製本する方法もある。

私はパソコンで執筆し、厚めの用紙に出力したものを三田キャンパスの生協で製本依頼した。ここでは、表紙（背表紙にも）に「慶應のペンマーク」を入れてもらえるからだ。

製本が完成し、綺麗に着飾った我が卒論を手にしたとき、カレンもミキティも私も、表紙を眺めてしばし無言だった。言葉にならないあれこれが、胸に去来した。私は卒論の表紙を優しく撫でた。

製本された卒業論文を、慶應通信事務局に必要書類と共に提出したときは、登山に喩えるといよいよ山頂が視界に入って来たイメージだった。

年が明けてから冬の日吉キャンパスの片隅で、私とカレン、ミキティの3人でそれぞれの論文レジュメを持ち寄り、10分程度で説明する練習を行った。

説明できそうでできない10分という時間。あれもこれも説明したいという気持ちになってしまうのだ。結局この日は「たいして説明できない自分」と向き合うことになったが、それがわかっただけでも大収穫だった。

●卒業試験日当日

卒業試験日前夜は、何をしていたのかよく覚えていない。トイレの電気を消し忘れたりするほど気持ちは上の空だった。

慶應通信の卒業試験は、主査である卒論の指導教授と副査の教授の2名の前で行われる。論文内容の説明の後に同内容に関する質疑応答、更に今まで修得してきた科目に対しての質問が続く。

卒論に関する資料の持ち込みは可能で、必要があれば持ち込み資料を見ながら答えてもよい。私は1年間で使ったメイン資料をバッグに詰め込んだ。

その中には、「★★女子学園の初年度の生徒数は〇〇人だった」と言った細かい情報を書き込んでいた手帳まであったが、「お守り代わり」に一緒に詰めた。バッグがずっしりと重たくなった。

試験日当日、定刻になり、松浦教授の研究室をノックすると、厳しい面持ちで2人の教授が座っていた。いつもは穏やかな雰囲気の松浦教授が、今日は一切表情を崩さない。

「これが卒業試験の空気か…！」

心臓がバクバク言い出した。

10分間の論文内容説明はあっという間だった。あっという間と思えるほど、必死だった。

続いて質疑応答に移る。松浦教授は、私の論文の「研究し切れていない部分」を質問してきた。口の中はカラカラだ。持っている知識を総動員して答えた。このときの松浦教授の質問は、「論文は書いて終わりではない。研究は続くのだ」ということを教えてくれた。

副査の山本正身教授は私の研究内容を面白いと評価してくれたあとに、こんな質問をされた。

「明治時代に、女性はどれだけ女学校に通ったものなのですか？　初年度は何人入学したのですか？」

重箱の隅をつつく質問というものではなくて、教授の純粋な興味からの質問だとわかった。しかし「開校初年度の生徒数」とは！

そのときふと頭をかすめた。前夜バッグに詰めた、あの手帳に書き留めてあったじゃないか！

手帳を取り出し、初年度の人数を答えた。やっぱり資料は重くても持ち込むべきだと実感した。

卒論に関する質疑応答の大きな山が終わると、いつもの穏やかな松浦教授に戻った（気がした）。

「論文としても、読み物としても、面白かったです」

最高の誉め言葉をいただいて、私の卒業試験は終了した。

●卒業式に着るもの

「ねぇねぇ、卒業式に袴着る？　私着る！」

カレンは袴を着る気満々だ。

「どうしようかなぁ。袴は女子大のときに着たし、スーツでもいいかな」

しかしこれを逃したら、人生で女子大生っぽい袴を着られる機会はゼロに等しい。

「こんなチラシがあったの。みんなでこれを着てみない？」

ミキティが手にしていたのは、卒業式当日に日吉キャンパス内で行われている卒業記念写真撮影のチラシだった。撮影は有料だが、撮影時に無料で角帽とマントを着させてもらえるらしい。

「角帽とマント…外国の大学生が卒業式に着ているアレだわ！　最後に皆で青空に向かってポーンと角帽を放り投げる、アレができるの？」

「レンタルだから空には放り投げられないと思うよ」

私達は即決で、角帽＆マントの合同記念写真を撮ろうということになった。

「角帽にマントだと知的な卒業生（イメージ）に見えるかしら」と、ひとりごちた。

●自然とこぼれた感謝の涙

卒論で研究した４人の女性教育者、棚橋絢子、三輪田眞佐子、下田歌子、津田梅子。彼女達は明治の世に女学校を創ったが、その中の１人の教育者は、私がかつて通った女子大の創設者だった。

私は自分の学歴コンプレックスのせいで、今までずっと「女子大に通った自分」から逃げて来た。慶應を卒業するにあたり、もう逃げないで過去の自分に向き合ってみようと思ったのだ。

１年間に亘り、女性教育者の生い立ちを調べ、どんな性格の少女だったか、どんなことを想いながら学問をしたのか…旧仮名遣いの文献と格闘しながら読み進めていった。慶應生でいながら、論文執筆のときは女子大生の頃の自分を思い出していた。

３月に入り、あとは卒業できるか否かの結果を待つだけになった。慶應通信に関しては他にやることもないので、論文執筆の際に集めた資料を片づけていたときのことだった。

どの資料も執筆の際に私と一緒に闘ってきた戦友だ。もう一度読み返しをしていると、卒論に登場した女性教育者達に、自然とこんな気持ちが湧き上がって来た。

「日本の女性が学問する道を切り拓いてくださり、ありがとうございました」

自分の母校の女子大の創設者にも同様に、感謝の意を持ったその瞬間、私は過去の私と和解した。

本当は、女子大時代も楽しかったことは沢山あった。同性としてその背中に憧れていたゼミの教授のことや、東大のインカレでサークルの皆と日本中の山に行けたこと、思う存分美術史やフランス語の勉強ができたこと、大好きだった女子大の図書館、女子大ならではの柔らかい雰囲気のキャンパス。

自分で止めてしまったあの頃の時計の針が、静かにまた動き出した。

「今までごめんなさい。勝手に嫌ってごめんなさい。ありがとうございました。未熟な私を育ててくださり、本当にありがとうございました」

大人になってから大学で学ぶ利点は、学力を身につけられるだけではない。

文献を読んだり文章を綴りながら、一方で今の自分や過去の自分と向き合い、対話し直せる機会も与えてくれるのだ。

今度時間をつくって、母校の女子大の創設者のお墓参りに行こう。いくつになっても学問を愛する「お転婆」な女性同士、あんなことやこんなこと、墓前で沢山話してみよう。先生ならきっと受け止めてくださるはずだ。

気が付いたら、涙が幾筋も頬を伝わっていた。その涙は優しく温かかった。

７　嗚呼、卒業式　日吉記念館に響いた感動の♪塾歌

●卒業決定！

２０１２年3月。私はその日、会社で落ち着かなかった。慶應通信の卒業試験の「結果」が郵送で自宅に届くと噂されるXデーだったからだ。

帰宅すると母が、その「速達郵便」を受け取ってくれていた。

「来た！」

リビングの入り口でコートも脱がないまま封を切り、三つ折りになって入っていたＡ４の用紙を抜き出す。一拍置いて、意を決してその用紙を開いた。

鶴見優子君
貴君は今回所定の審査に合格し、「卒業」と決定いたしました。
卒業試験の結果は、下記の通りです。
卒業論文　Ａ

総合面接試験　A
以上（注：成績はGPA制度導入前のものです）
脳内で、今や日本国民の応援ソングの定番となった、ゆずの　♪栄光の架橋　がサビの部分から大音量でドーンと流れ始めた。
心に浮かび上がった言葉は「やったー！！！」ではなく、「ありがとうございます」だった。ありがとうございます。ありがとうございます。ありがとうございます。ありがとうございます。何度でも叫びたい。何度叫んでも叫び足りない。もはや誰に感謝しているのかわからない。人だけではない、これまでに私に関わってくれた有形無形のものすべてに感謝をしていたのかもしれない。

●夜通し続いた卒業報告

家にいた母と共に飽きるほどその用紙を眺めた後、ハタと気がついた。

「皆に伝えないと！」

慶友会の仲間達。松浦ゼミの仲間達。それから、それから…。

「鶴見さん、卒業決まったの!?　おめでとうございます!!」

「ありがとうございます！　慶友会の皆さんのおかげです！」

「おめでとうございます！　来年の春は僕も鶴見さんに続こうと思います！」

「おめでとう！　よくここまでがんばったね！　お祝いしなくちゃね！」

その夜は一晩中「卒業決まった！」と「おめでとう！」のやりとりが続いた。入学通知が届いた日は、ゲリラ雷雨が降っていた。卒業通知が届いた日は、雨上がりの夕焼け空が広がっていた。

●慶應義塾大学卒業式当日

その日は3月の終わりにしてはうすら寒く、今にも泣きだしそうな空だった。日吉キャンパスは正門の所から既に、袴やスーツを着た通学課程の卒業生達で賑わっている。

よく考えれば、キャンパスで通学生達のことは目にするものの、彼らと一堂に会すことはこれが初めてだ。

卒業式に来てくれた両親と別れ、あらかじめ慶友会で決めていた集合場所である日吉メディアセンター（図書館）前の福澤諭吉先生の胸像の所に集まった。松浦ゼミの仲間ともここで落ち合うことになっている。

慶友会の仲間は卒業対象メンバーはもとより、ＯＢ・ＯＧや後輩達も、会社の通勤前の時間を利用して「おめでとう」を言いに集まってくれていた。

ゼミ仲間のカレンとミキティは、私の慶友会には入っていないので恐縮していたが、この日３学部目の慶應卒業となる、「手品おじさん」こと今井さんはにこやかに言った。

「いいのいいの、卒業式は皆で楽しまないとね！」

卒業式会場となる日吉記念館前は、まるで新年の初詣客でごったがえしているような状態だ。しばし入場を待った後、日吉記念館に一歩足を踏み入れたときの感動を私は忘れない。

慶應義塾大学吹奏楽団がエンドレスで演奏する♪若き血、全学部の卒業生でぎっしり埋まった座席、壇上には塾旗である大きな三色旗が掲げられ、その横に、腕組みをして立っている福澤諭吉先生の全身が描かれた大きな肖像画があった。この日、慶應義塾大学の卒業までたどり着いた学生達を、威厳を持った温かい眼差しで見渡しているように見えた。

「うっわー！　これ、慶應大学の卒業式だよ！　見て！　壇上に福澤諭吉先生がいるよ！」

アナタ今までどこの大学に通っているつもりだったのと、本を読んでいる皆さんから総ツッコミが入りそうだが、この感想は本心だった。

●卒業すれば、皆同じ

どんなに科目試験やレポートで合格しても、スクーリングに通っても卒論を書いても、心のどこかで、私は正真正銘の慶應生だと胸を張る自信がなかった。

しかしこの卒業式、塾生達は「好きな席」に座ってよかった。サークルの仲間同士で座る人もいれば、学部を超えて並んで座る人もいる。その若者のど真ん中に、通信生が座ってもいいのだ。もちろん最前列にだって座ってもいい。つまり、卒業にたどり着いたら皆「同じ」になるのだ。

吹奏楽団の奏でる♪若き血　がおもむろに鳴りやむと、厳かに式が始まった。何度も想像した、「自分が卒業式に出席しているシーン」。今、その夢が現実のものとなっている。

しかし、奇跡や夢があっさり叶ったとは思わない。そんな偶然の積み重ねだけでここまでたどり着いたわけではない。何度もレポートを落とされ書き直して、勉強時間を捻出して、睡魔と闘って、風邪もたくさんひいて、スケジュールを調整するために方々に頭を下げ続けた、途方もない11年半だった（うち4年間はドロップアウトしていたけど…）。

「それでは、♪慶應義塾塾歌　斉唱です。皆さまご起立ください」

11年半の間に感じた、ありとあらゆるネガティブな感情も、みじめな自分も、もう必要なかった。塾歌を仲間達と大声で歌うことで、それらはすべて溶けて、優しく流れて行った。

私は、慶應義塾大学を卒業した。

●始まった福澤諭吉先生との対話

私が在学中に聞いた話で、印象深いものがある。今となってはどの教授が仰ってくださったのか確かめる術がないが、こんな内容だった。

「皆さんが卒業した後は、私達は近くにいて導いてあげることができません。そこで皆さんに伝えたいのは、福澤諭吉先生の著書を数冊しっかり読んで福澤先生の考えを理解しておいてほしいということです。もしも人生で、どうすればよいかわからなくなったとき、『こんなとき、福澤先生ならどう考え、どう発言し、どういう行動をとるだろう』と想像してみてください。そしてその言動を、自分もやってみてください」

この考え方に感銘を受け、早速私もやってみることにした。
すると、その日から私の脳内に、ちょくちょく「福澤諭吉先生」が登場するようになった。あるときは若い頃の先生が、またあるときは一万円札に印刷されている年齢の先生だったりと様々だった。しかし福澤先生は、登場したとしても、慶應生の願いを何でも叶えてくれる「万能の神」ではない。我が義塾の学生達を容易には甘やかさない。

ある件でどうすればいいか尋ねてみて、福澤先生が「何も言わない」ときは、私が努力不足であったり工夫不足のときだ。諦めようとすると、「なんだ、君はもう諦めてしまうのかね」とチクリ（笑）。

一方で、周りから言われたちょっとした一言に傷ついたときは、「そんなのは言わせておけ。気にするな」と一喝され心が軽くなった。

そして、新しい何かに挑戦したいときは、手放しで（イメージ）喜んでくれた。
「君、大いにやってみなさい。失敗を恐れないで先ずはやってみることが肝心だ！」
時代を超えて（？）善き相談相手になってくださる、なんとも心強い創設者だ。

第6章

日本最強の同窓会組織「三田会」

1　三田会員になって人生が変わった

●三田会って何ぞや？

タイトルに突然出て来た「三田会」という名前に「なんだそれは？」と思われた方もいたかもしれない。三田会とは慶應義塾大学の同窓会組織の名前で、大学のキャンパスが東京都港区の三田にあることに因んで、この名前がつけられている。

慶應義塾大学は卒業式が終わると、続いてすぐに「三田会結成式」という式に移行する。この瞬間から塾生（学生）達は全員「三田会」という巨大な同窓会組織の一員となり、「塾員」と呼び名を変えるのだ。未成年が成人式を迎えると「成人」とみなされるのと似ているかもしれない。

その数、860を超える三田会にはいろいろな種類がある。卒業年度別の三田会、地域ごとの三田会、企業内にある三田会、日本以外では、海外在住の塾員が所属する国別の三田会もある。更に、それらの下に分科会がいくつも存在している。どれか1つを選ぶのではなく、いくつ所属してもよく、参加は自由だ。学生時代のサークルや勉強会を兼部するようなイメージだ。

「しかし、〝同窓会〟でしょう？　いくつも所属して、何か楽しいことでもあるのかしら？」

そう考えるのは致し方ない。それまで抱いていた私の「同窓会」のイメージは、自分の卒業した学年全員で何年かに1度、学校側や有志が開いてくれる会のことだった。それらに参加すると、会場の一角に知った顔が集まり、少しばかりの近況とあの頃の思い出話で盛り上がる。つまり同窓会とは「あの頃のメンバーに会うため」にあるものだと思っていた。

もちろん、部活やサークルの上下の繋がりを除いては、他の学年の同窓生との交流はなく、同窓会が新たな人間関係を築く場所になるとは言い難い。

しかし、慶應義塾大学の三田会は「新たに人間関係を築く、現在進行形の同窓会」だった。まぁ、卒業式を終えたばかりの私は、そんなことは知る由もなかったのだが。

●母の病気

慶應通信を卒業した後の1年は、平穏な日々が続いた。11年半の通信生活の間で、勉強のために我慢してきたドラマや小説、映画など、まるで11年半分の失われた楽しい放課後を取り戻すかのように貪り観た。仕事は慶應通信に在学していた頃より忙しくなっていた。

卒業して丸まる1年が過ぎようとしたとき、母が不思議なことを言い出した。

「ねぇ、今日だけ会社を休んでくれない？」

「え？　無理よ。今日は休めないよ」

1日だけならまだわかるが、毎朝言うようになった。母は家族が気づかぬ間に、老人性うつ病を発症していた。

そこで、帰宅後や休みの日はほぼすべて母の話し相手になってあげていたが、良くなる気配もなく、私が出勤することを幼児のように嫌がった。数か月経ち、いよいよ私が会社を辞めて母をメンタルサポートしたほうがよいのではと思い始めたが、簡単には割り切れない会社員人生への想いがあった。

仕事はもちろん大変な面もあるが、先輩がいて同期がいて後輩がいるという、会社というものがつくり出す人間関係が好きだった。

また当時、社内研修の一環で何人かでグループを組み「輪読会」をやっていたが、たまたま全員が本好きなメンバーだったため、研修が終了しても皆で好きな本を紹介し合ったりしていた。

「会社を辞めても、先輩や後輩達に囲まれるような環境はないかしら。それぞれの好きな本について語り合えるような環境はないかしら…」

2　Ｆａｃｅｂｏｏｋ三田会に入会

●「Ｆａｃｅｂｏｏｋ三田会」と「読んで三田会」

Ｆａｃｅｂｏｏｋ三田会（ＳＮＳで繋がる三田会）の存在を思い出したのは、小田原に出張した帰りの東海道線の中でだった。私は女子大時代のサークル仲間に誘われてＦａｃｅｂｏｏｋを始めていたが、それはリアル友達と、過去を懐かしんだり近況を報告し合うための、こぢんまりとした利用の仕方だった。

Ｆａｃｅｂｏｏｋ三田会のことを調べているとその分科会に、読書好きな塾員達により構成された「読んで三田会」というダジャレのようなネーミングの三田会があるのを発見した。Ｆａｃｅｂｏｏｋ三田会本会の会員になればそこに入会できるらしい。

「ここに入会すればＳＮＳ上で、好きな本の内容を皆で語れる場が持てるかしら」

母のサポートがあるので、会社を辞めた後はなかなか1人で外出ができなくなる。しかしＳＮＳなら自宅にいても仲間と繋がれるではないか。

私の心はにわかに踊り立ったが、次の瞬間一抹の不安が頭をもたげた。

「三田会の方達は、通信教育学部出身の私を歓迎してくれるのかしら…」

私は通学課程を卒業した慶應生という存在に、一方的に気後れしていた。

●通学生達は通信生をどう思っているのだろう

私達通信課程の者は、「昼間の学生（通学課程の学生）」と交流の場を持ったことがなかった。第一、通学の学生が帰った夜に通信生の「夜間スクーリング」があり、通学の学生が夏休みをとっているときに「夏期スクーリング」があるのだから、お互いが交流するのは物理的に難しい。

通学生と通信生はキャンパス内で永遠に交わらない２本の線みたいなものだ。それで初めて席を同じくしたのが、先の卒業式だったわけだ。

卒業式の日、通信の学生も通学の学生と同じ学位記が授与される。それは、たどり着くルートは違えど、慶應義塾大学が定めた一定の学位を修めたという意味だ。しかし、昼間の学部を卒業した塾員達は通信生のことをどう思っているのだろう。もしかしたら「僕達はエリートだ！　自分達と一緒にされては困る！」と思っているのではないか。

「たとえば、年収別にランクづけされていて、そこに『三田４』と呼ばれる超エリート集団がいて…」

私の脳内での三田会イメージは、セレブ学園の人気ラブコメ『花より男子』の受け売りだった。

しかし一方で、三田会は慶應を卒業した者だけが入れる特別な組織だ。ということは、いくら他の大学で主席をとっても、三田会には入れないということだ。折角、機会の扉が目の前に開かれているのに、一歩を踏み出さなくてどうする。

母の病状は日に日に悪くなっている。それを受けて会社の退職の日も決まった。迷って揺れていた心を奮い立たせて、私はＦａｃｅｂｏｏｋ三田会の扉を叩いた。

●Ｆａｃｅｂｏｏｋ三田会デビュー

Ｆａｃｅｂｏｏｋとは、自分の顔写真と実名など、個人情報をある程度オープンにした上で交流する、ＳＮＳコミュニケーションツールだ。

「Ｆａｃｅｂｏｏｋ三田会」は地域や会社で繋がる三田会とは違い、日本の遠隔地だけでなく世界各国に住む塾員も気軽に入会・交流できる新時代の三田会の繋がり方だ。

念入りな入会審査の後に、Ｆａｃｅｂｏｏｋ三田会に、デビューするときがやってきた。Ｆａｃｅｂｏｏｋ三田会の管理人の方から、入会に関する説明を受けた。

「まず会員全体に自己紹介の投稿をしてください。Ｆａｃｅｂｏｏｋ三田会会員とＦａｃｅｂｏｏｋ上で「友達」になる場合は必ず身元がわかるメッセージ文を添えて、マナーを持ってやりとりをしてください」

一生懸命考えた自己紹介文を投稿し、待つこと1時間…反応なし。通学生達は通信生のことには関心がないのかなぁと思っていた矢先、「ピコーン♪」というお知らせ音と共に、Ｆａｃｅｂｏｏｋの友達リクエストが届いた。

●初めてできた三田会の先輩

「鶴見さんはじめまして。法学部政治学科卒業の柴田です。電通に23年間勤務していました。現在はフリーランスで次世代育成をテーマに様々な活動をしています。友達申請させていただきます」

一番早く私の自己紹介投稿に反応してくださったのは、Ｆａｃｅｂｏｏｋ三田会でひときわ存在感を放っている「アッキー」こと「平成の白洲次郎」こと、柴田明彦さんだった。

「……この方、どんな方なのかしら？」

三田会に入り、慶應の通学課程を卒業した塾員と積極的に話してみたいと思ってはいたが、実際の私はＳＮＳで知らない人と繋がることに慣れていない。柴田さんの自己紹介メッセージに即答する代わりに、インターネットで柴田さんの名前を検索することにした。

1つのトピックに目が留まった。柴田さんの電通の退職の日のことが記事になっていた。

退職のその日、電通から駅まで続く遊歩道に後輩社員達の手づくりの「レッドカーペット」が敷かれ、「花は桜木　男は柴田　柴田さんありがとうございました！」という横断幕が掲げられたそうだ。男性社員は皆男泣きで、中には退職を留まるように訴える社員もいたらしい。レッドカーペットの両側から次々と渡される花束。柴田さんは1人ひとりに声をかけながらゆっくりと進む。数百人集まった中には仕事で関わった他の会社の人も沢山いたそうだ。

その記事の行間から、柴田さんのお人柄がひしひしと伝わって来る。会ったこともない私まで、そのシーンに立ち会って、退職を名残惜しんで号泣している気分になった。柴田さんは今では「伝説の元電通マン」と呼ばれているらしい。

「…そんな方が、私に一番最初に友達申請してくれるなんて」

私は慌てて柴田さんのメールに「返信」をした。

3　通学生と通信生の間にある「心の一線」を超えていけ

●どんどん増えていく三田会の知り合い

柴田さんという三田会の先輩ができたのを皮切りに、私のもとには次々と三田会の先輩方からの友達申請が届くようになった。いずれも礼儀正しい自己紹介文が添えられている。

それは、Ｆａｃｅｂｏｏｋ三田会分科会である「読んで三田会（読書を中心に交流する三田会）」でも同じだった。

友達申請をくださった方の中には、『完全版　本能寺の変　４３１年目の真実　』（河出文庫）の著者である明智憲三郎さんもいた。

明智さんの著書は、慶應通信時代に日吉メディアセンター（図書館）で借りたことがあった。卒業論文校了1週間前にも関わらず、夢中で読みふけった。明智さんと私は同じ慶應卒とはいえども、学部も卒業年も全く違う。雲の上の上の上～の方だったが、三田会という同窓会のネットワーク内では時として、このような奇跡の出会いが起きる。

それから数か月足らずで、三田会の約２００人とＳＮＳ上で「友達」になった。

私が三田会に入る前に勝手に抱いていた「通信生は三田会の仲間に入れてもらえないのではないか」という恐怖心は、かなり小さくなっていた。必要以上に通学課程の慶應生に気後れしているのは、実は通信生の方なのかもしれない。

●三田会の先輩の言動をSNS上で見倣う

Ｆａｃｅｂｏｏｋ三田会で「友達」になった約２００人の先輩方の日常を、Ｆａｃｅｂｏｏｋの投稿で読ませていただくことになった。

三田会の先輩方の日常はどんな様子なのだろう。幼稚舎や中高から慶應に通っている先輩もいる。「絵に描いたようなエリート生活（？）が繰り広げられているのかしら」

Ｆａｃｅｂｏｏｋで毎日流れてくる三田会の先輩方の投稿を読んで、気づいたことがあった。投稿は楽しいことだけではなく、仕事が忙しかったり、もちろん悲しかったことも凹んだことも綴ってあった。

しかし文章の最後が〝明るい・ポジティブ・感謝〟で締めくくられているのだ。話の結末が未来に向けて明るい意志を述べていたり、辛い中からも感謝できることを見つけられたり、助けてくれた仲間をねぎらったりしていた。こんな文章の結び方だと、投稿に明るい印象を与えるのか。

●個人の喜びは三田会全体の喜び

もう１つ印象に残ったことがあった。慶應の仲間に嬉しいことがあると、周りが全力で喜びのコメントをすることだ。それはＦａｃｅｂｏｏｋ三田会や、読んで三田会の仲間内だけにとどまらない。日本や世界で活躍する慶應出身者を見つける度に、皆で祝福したり応援したりする気風があるのだ。

喩えて言えば、母校の野球部が甲子園出場が決まったことを、学校全体で喜ぶ感じに似ている。

しかし私は、親友ならまだしも同窓の話したことがない人達すべてに、そこまでの応援感情は持ったことがなかった。それが、三田会の先輩方は、誰かの成功も、誰かの幸せも「自分のことのように喜んで」いるのだ。これは一体どういう事だろう。

●三田会は「チーム慶應」

しばらく見ていると、三田会の持つ性質がわかってきた。慶應生は卒業しても「チーム慶應」で世の中と闘っているのだ。普通、学校を卒業し社会人になると、卒業後は１人で頑張っていかなければならない。新しい就職先が自分の新しいチームであり、昔は仲間だった同窓生もライバル会社に入ってしまえばライバルとして生きていく。

しかし慶應三田会は、社会上での不思議な精神的二重構造を持っている。どんな立ち位置にいても、慶應出身の人が頑張っていたら、それは自分の誇りや勇気になる。その誇りや勇気を明日へのエネルギーに変えて、自分も頑張るのだ。

日々の出来事をＦａｃｅｂｏｏｋに投稿するときは、文章の結末を明るく締めくくる、頑張っている同窓の仲間の事を「チーム慶應」として喜び、自分のパワーに変えて行く、私はこの２つのことから実行してみようと思った。

●ユーモアとオヤジギャグの宝庫

Ｆａｃｅｂｏｏｋ三田会の分科会「読んで三田会」に入り、ＳＮＳ上でいろいろな本について皆でコメントをし合ったり、オンラインでの輪読会などに参加させてもらって気づいたことがあった。先輩方の綴る文章やコメントには、かなりの頻度でユーモアが混ざるのだ。嫌なことがあってもユーモアで和らげる。誰かに褒められてもユーモアで笑いに転換する。

私が感じた三田会の先輩方の印象の1つに「ユーモア・オヤジギャグ・ダジャレセンスがある人が多い」という事がある。慶應ボーイ・慶應ガールの印象がちょっと変わった。

「そう言えば、『読んで三田会』のネーミングもダジャレだったわ…」

物事は事実を報告するだけでも相手に伝わるが、そこにユーモアを加えることで、文章に柔らかさと笑いを提供する。

更に、ユーモアの文章にはユーモアの効いたコメントで返す。どんな短い文章やコメントの中にも、ユーモアを入れてクスッと読み手を笑わすことは、小さな笑いのプレゼントを交換し合っているようなものだ。ここでこっそり白状するが、私がＦａｃｅｂｏｏｋ三田会に入って一番身についたスキルが「オヤジギャグ力」だった。

一方で真面目に文章をつくらなければいけない場面に来ると、皆ビシっと硬い文章で纏めてくる。

そんな三田会の先輩方とユーモアを交え、色々な本の内容についてＳＮＳで交流するのが、毎日の楽しみになった。

４　三田会の方々とリアルに対面して

●三田会先輩主催の忘年会に参加

会ったことはないが、Ｆａｃｅｂｏｏｋ三田会の先輩方のいろいろな生き方、文章の綴り方やコミュニケーションの仕方を学び、ＳＮＳ上で交流する傍ら、私も自らの投稿を明るく楽しく前向きなものに変えていった。それは私の内面の変化でもある。

その年もあとひと月を残すところとなった頃、２つの三田会関係の忘年会に誘われた。

１つは日吉キャンパスの学食で行われるＦａｃｅｂｏｏｋ三田会のオフ会だったが、もう１つは小畑宏之さん（通称コバちゃん）という同三田会の先輩からの、こんなお誘いだった。

「鶴りん、こんにちは！　実は、「アッキー」こと柴田明彦さんが、三田会の仲間を中心に〈本気で新年を迎える忘年会〉というものを企画しているのですが、よかったら参加しませんか？　参加者は１２０人ぐらいの予定です」

「え!?　柴田さん!?」

三田会で私に一番最初に友達申請をしてくれた、伝説の元電通マンのあの柴田さんだ。是非参加

してみたい！　そして三田会の皆さんにもリアルでお会いして、本気で新年を迎えてみたい！

日頃の私の投稿が生き生きしていたから声をかけたのだと、コバちゃんから後で聞いた。そうか、やっぱり人生は明るく楽しく前向きに行けばいいのか。

慶應通信に入ってから早13年、卒業してからもうすぐ2年、はじめてリアルに慶應の通学課程の卒業生達と会うことになった。

●通学生は慶應通信に興味津々

柴田さん主催の忘年会のはじめの乾杯までは、借りて来た猫のようにずっと緊張していた。理由の1つは誰一人リアルで知り合いがいないため、そしてもう1つは、この場所に通信教育課程出身者がいなかったためだ。

「鶴見です。通信課程を卒業しました。よ、よろしくお願いします！」

「へぇ〜！　仕事しながら大学通うの大変だったでしょう？」

「もっと学生時代しっかり勉強しておけばよかったなー（笑）」

「いくつになっても勉強って大事ですよね」

「え！　全員卒業はしないの!?」

「通信って、全く大学には通わないんですか？」

質問が矢継ぎ早に飛んでくる。通学課程の卒業生達は、自分の大学に設置されている通信教育課程の実態を、ほとんど知らなかった。知らないから純粋に色々聞いてみたい、という好奇心のほうが勝っているように見えた。

●Ｆａｃｅｂｏｏｋ三田会のゴールデン同期

私から見れば、今日この場に集まっている先輩方は皆、そこにいるだけで輝いて見えたが、会が中盤に差し掛かった頃、ひときわ明るいオーラを放ちながら、１人の女の先輩が入って来た。

「わははは、遅れちゃってごめーん！　みんな！　元気だった？」

「コーヅ、遅いぞ！（笑）」

「わー！　コーヅさんが来たー！」

コーヅさんこと神津伸子さんは、柴田さんと大学同期で、フリーランスのスポーツライターをされている。Ｆａｃｅｂｏｏｋにも面白い切り口で毎日投稿、３６５日明るくパワフルな印象だ。

このゴールデン同期の柴田さんと神津さん、私は初めて会えた感激と気後れで、この日このお２人に、「はじめまして」と言うのがやっとだった。

緊張しっぱなしのまま、会はお開きとなり、私の隣の席にいた「いをりん」と呼ばれている、物静かな女性と一緒に駅まで帰ることになった。華道や茶道が似合いそうな、旧家の大和撫子みたいな人だった。彼女は三田会会員ではなかったが、三田会の女性達とよくご飯を食べているらしい。

「鶴見さんも今度、女子会でご一緒しましょう。先程の神津さんもいらっしゃいますよ」

「はい！　喜んで！　どこにでも行きます！　何でも食べられます！（三田会女子素敵ランチ会だわ！）」

「何でも食べられるのですね。よかったです！　お店が決まったら、連絡させていただきますね♪」

三田会女子ランチ会のお店は「ラーメン二郎」に決まった。

5　三田会の皆で『ビリギャル先生(坪田信貴先生)講演会』を開こう！

●それは『ビリギャル』の映画感想投稿から始まった

そんなＦａｃｅｂｏｏｋ三田会の方々と日々Ｆａｃｅｂｏｏｋ上で交流し、２年近く経ったところで、私はリアルで三田会の方々とどっぷり関わることになった。Ｆａｃｅｂｏｏｋ三田会の有志で「ビリギャル先生」こと坪田信貴先生の講演会を開くことになったのだ。

事の発端は、２０１５年５月１日のシネマデー、映画館で何気なく選んだ『ビリギャル』の映画に大感動したコーヅさんが、大興奮の感想をＦａｃｅｂｏｏｋに投稿したことから始まった。

「今日たまたま選んで観た映画『ビリギャル』が本っつ当っに良かった！　もう大感動！　涙が止まらなかった！　主人公のさやかちゃんが慶應に受かるまでの物語もいいんだけど、家族の物語が最高に泣けるの！」

もちろんコーヅさんはプロのライターなので、投稿はこんな口語体の安っぽい文章ではなかったが、その行間から私が受け取った彼女の「映画を観た興奮度」はこのような感じだった。

ご存知の方も多いので詳細は省くが、有村架純さん主演で映画になったこの『ビリギャル』は、坪田信貴さんという塾の先生が書いた『学年ビリのギャルが1年で偏差値を40上げて慶應大学に現役合格した話』（角川文庫）という小説がもとになっている。

私は進学塾に長く勤務していたということもあり、「受験合格体験記」を読むのが大好き。この本も発売と同時に飛びついた。

読みながら、いつかこの先生にお会いしてみたいなぁと漠然と思うようになっていた。

●坪田先生の講演会を開きたい

コーヅさんの、映画『ビリギャル』大感動の話は瞬く間にＦａｃｅｂｏｏｋ上で三田会の仲間にも広がり、あっという間に数十人が映画館に足を運んだ。

「コーヅ、観たよ！　私も感動した！」

「ボロボロ泣きました！」

「行ってよかった！　教えてくれてありがとう！」

「昨日は1人で行ったけど、休みの日に子供連れてもう一度行きます！」

「でしょでしょでしょ？　よかったでしょーーー？」

コーヅさんの投稿のコメント欄ではそれから半月もビリギャル談義が続いていたが、中にこんなコメントもあった。Ｆａｃｅｂｏｏｋ三田会会員で坂本浩一さんという会社員の方からだ。

「神津さん、僕は著者の坪田先生と少しばかり面識があります。ですので、僕も映画をもう6回観に行きました！　7回目も観に行く予定です！」

「え！　そうなんですか？　機会があれば、ぜひ坪田先生にインタビューに伺いたいです！」

「講演会にお招きして、Ｆａｃｅｂｏｏｋ三田会の皆で話を伺うのもいいですね！」

「それも嬉しいですね！」

映画を観た感想を話し合うだけではなく、坪田先生にインタビューしたいとか、講演会にお招きしたいとか、私には到底考えられない壮大なことを次々と思いつく。さすが三田会の先輩方は考えることが違う。

●講演会主催メンバーに加わる

ちょうどその頃、所属している「読んで三田会」のオンライン読書会開催日が近づいていた。担当者が決めた本を開催日までにそれぞれ読み、当日にオンライン上で意見や感想を出し合うのだ。次回の読書会担当者であった私は、本の選定を決めかねていたが、皆がこんなに盛り上がっているから『ビリギャル』の本でやろうかなとふと思った。この小さな思いつきをコーヅさんにも伝えてみよう。

「こんにちは！　鶴見です。私も『ビリギャル』の本が大好きで、既に4回読みました。そこで次の読んで三田会の輪読会は『ビリギャル』の本でやろうかと…」

「それならさ、『坪田先生講演会』の主催メンバーにならない？」

「え？　え？　主催？　講演会？　私が？…え？」

「実際に坪田先生にお会いできたら、輪読会のときに役に立つと思うよ！　やろうよ一緒に！」

坂本さんやコーヅさんが坪田先生の講演会を開催してくれたら、もちろん私も当日拝聴するつもりだった。

しかしまさかの主催者側とは！　通行人役から突然セリフがたくさんある役に抜擢されてしまったような動揺を隠せない。

主催メンバーは全員Ｆａｃｅｂｏｏｋ三田会会員で、坂本さん、コーヅさん、そしてめぐみさんという先輩と私の４人となった。

「でも私、講演会イベントをゼロから立ち上げた経験がないので…」

及び腰の私にコーヅさんが言う。

「私だってないよー（笑）」

「はじめまして、めぐみです。私も講演会運営は初めてです。がんばりますね！」

「坂本です！　皆さんと講演会運営を一緒にできて感謝です！　ちなみに僕も講演会を開くのは初めてです！」

（みんな初めてなんかい！）

「みんなでがんばりましょう！」

私達は、坪田先生と『ビリギャル』の物語が大好き、という共通点と、熱意とやる気と熱意と気合と熱意しかなかった（熱意多めで）。

『ビリギャル』を既に6回も観ている坂本さんは、坪田先生に熱意の籠ったかなり長文の「ラブレター（講演会を開きたい旨）」を送った。

そして数日経って坂本さんのもとに、ビリギャル坪田先生から講演会承諾の返事をいただいた。坪田先生の元にはその頃既に、おびただしい数の講演会依頼が来ていたそうだ。なので、この決定は奇跡に近いようなものだ。

早速Ｆａｃｅｂｏｏｋで「講演会開催」の発信をすると、初日だけでＦａｃｅｂｏｏｋ三田会関係者を中心に１００人超の申し込みがあった。いかに坪田先生の講演を聞きたいと思う人が多いかがわかる。それから数日間は、徐々に増えていく参加者数に主催メンバー4人で喜んだ。

●イベント開催のプロ、現る

講演会開催告知をして1週間ほど過ぎた頃、Ｆａｃｅｂｏｏｋ三田会のメンバーで、仕事で様々なイベントを開催した経験を持つ松延健児さんが、主催メンバーに加わりたいと申し出てくれた。松延さんは主催者の私達がイベント運営未経験なのを密かに見抜き、自分の持つノウハウがメンバーの役に立てられればと、主催者側に回ってくれたのだ。

「講演会開催まで時間がありません。当日までの役割とスケジュールを決めてしまいましょう」

松延さんという強力な助っ人の出現によって、講演会運営が一気に引き締まって来た。

その頃申込者は200人を超え始めていたが、肝心な講演会会場決めが難航していた。当初あてにしていた、日吉キャンパスの教室が借りられなかったのだ。

松延さんはテキパキと陣頭指揮をとる。

「僕が会場探しを行います。当日の司会はフリーアナウンサーの笹本文さんに、当日の撮影は仕事でお世話になっているカメラマンの長谷部直樹さんに打診してみます。神津さんは、当日動いてもらえるボランティアスタッフを20人ほど集めてください。鶴見さんは申込者の人数集計と当日の作成物をお願いします。めぐみさんは坪田先生に当日お渡しする花束準備と、当日スタッフが一目でわかるような腕章作成をしていただいていいですか？　そして坂本さんには引き続き坪田先生への対応のほうをお願いします。皆さん昼間は仕事もあると思いますから、毎晩チャットで進捗を報告し合いましょう」

コーヅさんはその交友関係の広さを活かして、すごい速さで当日スタッフを集め始めた。ビリギャル坪田先生講演会のFacebook三田会の申込者に声をかけたので、初めから「その日は講演会会場に来られる」三田会の仲間達だ。

目のつけ所が鋭い。皆二つ返事で受けてくれたそうだ。私の会社の元同期の尚子も、当日スタッフに立候補してくれた。

私だったら、一気に20人ものボランティアを集められない。日頃、コーヅさんが三田会の友人達に、どのように接していたかを垣間見た。コーヅさんの人柄に、いざというときに一肌脱いでくれたのだ。松延さんがお願いしたアナウンサーやカメラマンの方だってしかり、人間関係は1日ではつくれないのだ。

私達の講演会運営はすべてボランティアだ。しかし私は三田会の先輩方から、お金では買えないことを教えてもらった。そして、「無」から「有」を生み出すということも教わった。

●サプライズな助っ人とサプライズなゲスト

その頃テレビのワイドショーで紹介された、1枚のポスターがあった。東京六大学野球の慶早戦（しつこいようですが、慶應生は「早慶戦」ではなく、このように呼びます）ポスターで、早稲田と慶應のチアリーダーが睨んで向き合っているのだが、そのコピーがすごい。

「ビリギャルって言葉がお似合いよ、慶應さん」

「ハンカチ以来パッとしないわね、早稲田さん」

慶早戦の花の応援合戦は、既にポスターの中から始まっているのだ。

ひょんな経緯で、このポスターをつくった広告代理店の若きコピーライター近藤雄介さんも、ビリギャル坪田先生講演会の当日スタッフに加わってくれることになった。慶應時代は自身も応援指導部で活躍していたとのことで、近藤さんには坪田先生への「エール」をお願いした。

近藤さんのエールが生で見られるとのことで、にわか喜びしていた主催メンバーだったが、更にすごいゲストが来てくれることになった。

Ｆａｃｅｂｏｏｋ三田会会員の日野聡さんから、松延さんにこんな申し入れがあった。

「坪田先生の講演会だから、〝あの人〟にも声をかけてみましょうか？」

それを聞いた松延さんが血相を変えて（ＳＮＳなので顔色はあくまでイメージですが）主催メンバーに連絡をくれた。

「日野先輩から連絡がありました！　なんと、講演会に小林さやかさんも来てくださることになりました！」

「……さやかちゃん!?　ビリギャル本人!?」

坪田先生の本の表紙に載っていた金髪の石川恋さんや、映画に登場した金髪の有村架純さんが、私の脳内を華麗に横切って行った。

「マジか！」

坪田先生だけでなく、さやかさんにまで会えるとは！　講演会当日の楽しみがどんどん広がる。

一方で、日々の準備を次々とこなしていかなければいけない。でもそれは嬉しい忙しさだった。

●３００席の会場を満席にしないといけない

６月に入り松延さんが、新幹線からのアクセスも良い３００人程のキャパの会場を見つけてくれた。

しかしその分レンタル料が予算を大幅にオーバーしていた。かかった経費を計算すると、この300席を満席にしないと運営は赤字になってしまうらしい。

初めは私達の「希望」だけが先行した。安い会費でみんなで坪田先生の講演を聞きたい！　と。

しかし講演会運営の現実はシビアだ。赤字が出れば、それは皆で補わなければいけない。

坂本さんが皆を励ます。

「皆さん安心してください。足りない分はすべて僕が払いますから。僕はこの講演会が開けることだけで嬉しいのです！」

現在の申込者数は270人。300席のこの会場を満席にしなければいけない。

●1週間前に立ち込めた暗雲

開催1週間前となった日、イベント開催のプロ松延さんが「良くない知らせ」を持って来た。

「週間の天気予報を確認したら、講演会開催日当日は雨なんです。雨だとキャンセル率が高くなるのがイベントの常です。開催日1週間前でキャンセル連絡も入っていますから、最悪だと220人ぐらいの参加になってしまうかもしれません」

「そうなんですね…」

「参加費が当日支払いだと、キャンセルもしやすいのです」

「皆さん、赤字が出たら自分が払いますから気にしないでください！」

坂本さんは不安を和らげようとしてくれていたが、坂本さんに頼り切るわけにもいかない。

その日はメンバー一同ショックを隠し切れなかったが、そんなときふと『ビリギャル』の本を思い出した。さやかちゃんも坪田先生も最後の最後まで慶應合格を諦めなかったではないか。私達だって最後までできることをやろう。最後まで諦めない！

「もう一度手分けして、Ｆａｃｅｂｏｏｋで講演会の告知をしましょう！」

主催メンバー全員がＦａｃｅｂｏｏｋで仲間に再告知した。やれることはやった。

●これが三田会パワーだ

再告知して少し経った頃、Ｆａｃｅｂｏｏｋ三田会の人達からこんなコメントが付き始めた。

「講演会のお知らせ、シェアしますね」

「僕もシェアします」

「シェアしてきました！」

「出張が入りキャンセルしてしまった代わりに、シェアさせてください！」

「シェアします。娘の友達が読んで興味を示してくれるかもしれないので」

「私はアメリカにいますが、日本にいるＦａｃｅｂｏｏｋ友達にシェアしますね」

彼らは思い思いの紹介文を添えて、自分の投稿欄で講演会情報をシェア（紹介）してくれ始めた。

その投稿は、いくつも、いくつも、夜遅くまで途切れることなく続いた。

これが三田会なのか。これが福澤諭吉先生が掲げた「社中協力」なのか。教育理念とは絵に描いた餅のような理想だと思っていた。まさかそんな社中協力が本当に行われるとは思ってもみなかった。

このような感動体験をした塾生や塾員達は、いつか自分も三田会のために自分ができる社中協力を、自然とし始めるのだろう。

この講演会の集客担当をしてくださっている松延さんから、主催者メンバーに一報が入った。

「皆さん見てください！　申込者数がまた上がってきました！」

松延さんの声が弾む。これなら、いけるかもしれない。

●感動の講演会当日

前日まで降水確率60％だった東京の空は、嘘のように快晴になった。

開場の30分も前から、ビルの入り口の自動ドアの向こうに参加者の人だかりができていた。前倒しで開場することを決定すると、一気に建物内に参加者がなだれ込んできた。いよいよイベントが始まった。

坪田先生と小林さやかさんも会場に到着した。坪田先生は『ビリギャル』の映画で伊藤淳史さんが演じられたそのまんまの、穏やかで笑顔の絶えない先生だった。先生が笑ってくれるのだったら、次はあんなことを話そう、こんなことを話そう、そう思わせてしまう不思議な魅力があった。

一方のさやかさんは、もうビリのギャルではなかった。洗練された大人の綺麗な女性になっていた。余談だが、ゲストでお呼びしたのに、さやかさんは私達スタッフと一緒になって会場の仕事を手伝ってくれた。年下だけど見習わせていただきたい、そんな彼女も三田会の一員だ。

満を持して坪田先生の講演会が始まった。主催メンバーは舞台の袖に立ち会場全体を眺めていた。前方3列には高校生以下の子供達に座ってもらった。坪田先生の言葉を近くで聞いてほしいから。

車椅子の高齢のお母様を連れ、参加された塾の先生がいた。高齢のお母様もその昔教鞭をとられていたという。

全盲の弁護士の方は友人と参加してくれた。目を瞑り、耳から先生の言葉を聞き、それを噛みしめるように頷きながら聞いていた。耳に障害がある方もいらしていた。介助の方の訳す手話を見て、ずっと笑っていた。私は手話は読み取れないが、その手話は先生の面白い話を伝えていたのだろう。

Ｆａｃｅｂｏｏｋ三田会の知った顔もあちらこちらに座っている。私の友人達も座っている。蓋を開けてみると300席ぎっしり、人、人、人、圧巻の満席だった。

●たった2か月、されど2か月

「今回の講演会、わずかですが黒字になりました」

「赤字じゃなかったんですね！　一時はどうなることになるかと冷や冷やしましたね～」

〝わずか〟というその黒字額は、社会人になってからあまり聞いたことがない金額だったが、今はそんなことはどうでもよかった。

「こんなに儲からなかったのに、こんなに楽しかった講演会運営は初めてですよ！」

松延さんが感慨深げに言った。

2か月。コーヅさんが映画『ビリギャル』を観て感動してから、今日の講演会までたった2か月。1人では大したことはできなくとも、皆の「できること」が集まると、こんな遠いこんな豊かなところまで私達を運んでくれるのだ。この2か月で体験したことは、私の生涯の宝物になった。

朝から晩まで皆興奮しっぱなしで、沢山笑って沢山感謝して、「ビリギャル坪田先生講演会」は成功のうちに幕を閉じた。

６　１人ひとりが三田会の輝く星になれ

●卒業してからも自分を磨き続ける集団

慶應通信を卒業して7年、Ｆａｃｅｂｏｏｋ三田会に入って5年が過ぎた。その5年の月日の中で母が亡くなったが、落ち込んでいる私を励まそうと、あちこち美味しいものを食べに連れ出してくれたのは、Ｆａｃｅｂｏｏｋ三田会の先輩方だ。

年齢の違う先輩方は、遊びを共にする仲間であると共に、時には人生のロールモデルになってくれる。その年代、その年代の生き方を後輩達に見せてくれ、自分が知っていることを後輩達に教えようとしてくれる。

そして、自分も日々努力を怠らない。卒業して何十年経っても、働きながら大学院に進む人や、資格試験の勉強をしている人もいる。慶應通信生も2足の草鞋をはきながら学問にいそしんでいたが、通学課程の卒業生達もまた、卒業後も学び続けていたのだ。

慶應の外側から三田会という同窓会組織を想像すると、同じ大学出身者同士でつるんでいるイメージだと聞いたことがあった。

しかし、「つるむ」という言葉では形容しきれないものがある。三田会に身を置いてお互いに敬意を払っていても、個々は自立している。周りの三田会の仲間が頑張っているのを見て、自分も触

発され、何かに挑戦しようとする。それを見た周りがその人をまた応援する。

誰かが挑戦して成功したら皆で喜び、その行動は慶應全体の誇りとなる。誰かが道半ばで挫けそうになったときは、彼ら特有のユーモアのセンスや言葉の力で気持ちを奮い立たせてくれる。まるで、星の1つひとつが自ら輝いて、それらが何十万と集まったその状態を遥か彼方から眺めたら、宇宙の暗闇にまばゆく光る銀河のように見えるかもしれない。

特定の人の光に皆が照らされて光っているのではない。自らがそれぞれ内側から光っているのだ。集団でつるんでいるからその集団が光るのではない。自らが光ろうとするその努力が、結果的に集団が光っているように錯覚させるのだ。

慶應を卒業できた、三田会に入ったから一安心ではない。1人ひとりが、三田会の輝く星になるように、自分を戒め努力を怠らないようにしなければならない。もちろん私もまだまだこれからだ。

●そういえば、私の学歴コンプレックスはどこにいった？

コンプレックスというものは、自分の中で固体にもなれば液体にも気体にも変化する、化学物質のようなものかもしれない。

自分の抱えている○○コンプレックスは、粗大ごみみたいに、ある日一括して捨てられるというようなものではない。私の学歴コンプレックスは、18歳の大学受験の頃に発生し、女子大から就職活動の頃に時間をかけて固体化し、落ちない内臓脂肪のように体内にこびりついた。それはパリ留学時代や慶應通信入学時には消えず、慶應通信の最後数年の追い込みで再燃し始め、卒業後の日々の活動と共に、溶けて小さくなって行った。

私は学歴コンプレックスと共に、実に20年も歩んでしまった。それは「考え方（意識）を変えればコンプレックスは消える」などと言ったやさしいアドバイスでは到底消えないものだった。

私の慶應通信大学生体験記は同時に、学歴コンプレックスを消すまでの奮闘記だ。体験した私が唯一言えることは、「自分が行動することでしかコンプレックスは消えてくれない」ということだ。

もちろん、自分のコンプレックスを見ないようにして生きる（それを気にしないぐらいの他の価値を見出す）、または、仕方がないからコンプレックスを持ったまま生き続けるという生き方もあるだろう。それはそれぞれの生き方なので否定はしない。

しかし、本当に自分のコンプレックスと決別したければ、「コンプレックスからもう逃げない」と腹を決めて行動するのがよい。不思議なもので腹を決めると、誰かがそれに向けた助言をしてくれ出すものだ。かつて「慶應通信を卒業する」と腹を決めた私の前に突然現れた、慶友会の仲間達のように。

●学歴コンプレックスも、慶應の名前ももう要らない

のっけからちょっと過激な決意表明をしてしまった。正直に言うとこれは「心の中」でのことだ。

大学１つとっても、上には上がいる。たとえば世界の名だたる大学に通っている人に対しての新

たな学歴コンプレックス等は、もう抱かないという決意だ。コンプレックスを抱いてくよくよと悩んでいるヒマがあったら、自分の中に実力を詰めていけばいい。

もしも自分の未成熟の部分を批判してくる人がいるとしたら、「気にしないで」おけばいい。これは、福澤諭吉先生が教えてくれた「自分を尊ぶこと」から来る強さだ。

もう1つの決意は、慶應の肩書のみで勝負しないということだ。これは三田会のカッコイイ先輩方に多く触れて私が実感したことだ。地に足をつけて頑張っている慶應生であればあるほど、はじめに「慶應」の名前は出さない。肩書で勝負するのではなく、「自分の中身」で勝負しているのだ。

高校時代、有名で偏差値の高い大学に入りさえすれば、その後の人生は自動にスルスル開けていくのだと思っていた。黄門様の印籠のようにその大学名をかざせば、物事は万事うまくいくのだと思っていた。

しかし20年かかってそれを得た自分の答えは、高校時代とは真逆のものだった。

パウロ・コエーリョの『アルケミスト』の小説の中で、主人公は金銀財宝を求めてはるばるエジプトのピラミッドを目指すが、苦労してたどり着いたピラミッドの麓で彼は「本当の宝の埋蔵場所」を告げられる。それは自分が住んでいた家の庭の木の下だった。長い旅をしたが、知恵と勇気と仲間を得て、主人公の心は満たされ強くなった。私もまた満たされた。

東京タワーの麓で始まった私の学歴コンプレックスを消すための長い旅も、同じ東京タワーの麓で今、終わろうとしている。

おわりに

慶應通信を卒業して、7年目の春を迎えています。高校時代から始まり、足掛け20年間の私の学びの変遷を振り返るのには、今がちょうど良い時期でした。

というのは、学力の成長と心の成長は、必ずしも同じ速度では進まないからです。後悔も失敗も受け入れて、凝り固まっていた怒りも不安も昇華させて、出来事の1つひとつに自分なりの「答え」を導き出すためには、卒業してから更に7年という月日が必要でした。

本書に載せられなかった慶應通信時代のエピソードは沢山ありますが、慶應通信時代の自分の心の動きに、特に焦点を当ててみました。

執筆することで、あの日の自分の気持ちと対話を重ね、教授や学友達ともう一度、慶應通信生の日々を生き直した思いがします。このような機会を与えてくださり、感謝の念に堪えません。

余談ですが、私は子供の頃から、冒険や旅物語が大好きでした。

そこには、未知の物に向かって奮闘する主人公の勇気や機転があり、その道程で出逢うキャラの立った仲間達がいました。まるで自分も主人公と共に冒険しているような感覚になり、ドキドキしながら読み漁りました。

社会人になってから、通信制の大学で学ぶということは、「学問の冒険の旅」に踏み出すようなものです。私は11年半かけて、慶應通信で「学問の冒険の旅」をして来ました。卒業までのわかりやすい地図はなく、進む道は困難そのものでしたが、この冒険に出てよかったと心から思っています。人生は一度きりですから、その中で1度ぐらいは、こんな冒険の旅もよいものです。

もしも、本書を手にされた皆さまが、いつか自分も「学問の冒険の旅」に出ようと決意したとき、本書がランプの灯となり、足許を照らす一助になれば幸いです。

本書を書くにあたっては、多くの方にお世話になりました。有限会社インプルーブの小山睦男さんには、斬新な発想と視点をいくつもいただきました。出版に関して素人だった私に、そのイロハから丁寧に教えてくださった菅正至さん、安藤智子さん。執筆を応援してくださった「書いて三田グループ」の皆さま。素敵なプロフィール写真を撮ってくださったのは、本作品にも登場するカメラマンの長谷部直樹さんです。壽さんには、構成に関して貴重なアドバイスをいただきました。

また、本編に登場する皆さまにも心からお礼を述べたいと思います。特に慶應通信生時代を共に駆け抜けてくださった「フランス語研究会」と「横浜慶友会」の皆さま、私の大学生活を温かく見守ってくださった慶應義塾大学の松浦良充文学部長、親友であると共に同志でもあった松浦ゼミの仲間達、皆がくれる「がんばれ」の一言が、その数倍もの勇気になることを知りました。

「Facebook三田会」、「読んで三田会」の皆さま方には、何よりも「社会に出てからの生き方は1つではない」ということを教えていただきました。

高校・女子大・パリ留学時代から、私のイラストや文章をいつも褒めてくれた長年の友人達、発展途上だった私に可能性の種をくれ、ありがとうございました。

19年勤めた会社には、大学に通うにあたり沢山シフト調整をしていただきました。社員旅行の飛行機の機内に、切羽詰まって慶應通信のテキストを持ち込んだことも、今では良い思い出です。

更に、自著を出版する予定が何もないときから、私のブログ『アネモネカフェ2号店　慶應通信オトナ大学生の道』を読んで、事あるごとに感想を伝えてくださった、現役の慶應通信&他大通信大学生の皆さまと、「アネモネ会」の皆さま、皆の熱いメッセージが、出版に辿り着くまでの力になりました。

最後に、何十回と慶應通信を挫けそうになっても、絶えず私を叱咤激励してくれた母と、「慶應を卒業したら必ず人生が変わる」と言い続けてくれた父、そして弟家族、大好きな人達に、心からの感謝をこめて。

２０１９年2月

鶴見　優子

参考文献・資料
・福澤諭吉『福翁自伝』（岩波文庫）
・２０１９年度慶應義塾大学通信教育課程入学案内

著者略歴

鶴見　優子（つるみ　ゆうこ）

キャラクターデザイナー　イラストレーター
1972年東京都大田区生まれ、慶應義塾大学文学部（通信教育課程）卒　人間関係学士。
フランス　パリのソルボンヌ大学文明講座受講、モンパルナスのアカデミー・ド・ラ・グランド・ショーミエール美術学校でクロッキーデッサンを学ぶ傍ら、『地球の歩き方（パリ）』の現地取材記者としてパリ中を駆け回る。大手進学塾勤務時代は同社のイメージキャラクターを30体以上作成。趣味はプラネタリウム、カフェめぐりと幕末歴史探索、大のレッサーパンダとポメラニアン好き。

イラスト：鶴見　優子

オトナの私が慶應通信で学んでわかった、自分を尊ぶ生き方
—慶應義塾大学通信教育課程奮闘記

2019年3月29日　初版発行　　2022年7月28日　第4刷発行

著　者　鶴見　優子　©Yuko Tsurumi
発行人　森　　忠順
発行所　株式会社 セルバ出版
〒113-0034
東京都文京区湯島1丁目12番6号 高関ビル5B
☎03（5812）1178　FAX 03（5812）1188
https://seluba.co.jp/
発　売　株式会社 創英社／三省堂書店
〒101-0051
東京都千代田区神田神保町1丁目1番地
☎03（3291）2295　FAX 03（3292）7687

印刷・製本　株式会社 丸井工文社

ISBN978-4-86367-483-7